本书由武汉体育学院青年教师科研基金资助出版（项目编号：2015QS06）

FDI流入、收入差距与就业结构变迁

王　鹤　著

知识产权出版社
全国百佳图书出版单位

图书在版编目（CIP）数据

FDI流入、收入差距与就业结构变迁 / 王鹤著.—北京：知识产权出版社，2015.9
ISBN 978-7-5130-3769-3

Ⅰ.①F… Ⅱ.①王… Ⅲ.①外商直接投资—研究—中国 Ⅳ.①F832.6

中国版本图书馆CIP数据核字（2015）第219015号

内容提要

本书以当前中国利用外资进入新的发展阶段，国内收入分配和就业结构调整面临新形势为背景，沿着理论研究→实证分析→机理探源→政策设计的研究路线，运用历史主义与抽象归纳、统计描述、计量分析和对策研究的方法，探讨了FDI如何通过收入分配影响就业转移的传导机理和作用路径，总结了中国劳动力流动和就业转移的空间格局，提出了中国引资和劳动就业政策调整优化的必要性。

本书适合政府、企事业单位相关管理人员和研究人员阅读参考。

责任编辑： 彭喜英

FDI流入、收入差距与就业结构变迁
FDI LIURU、SHOURU CHAJU YU JIUYE JIEGOU BIANQIAN
王鹤　著

出版发行：知识产权出版社 有限责任公司	网　　址：http://www.ipph.cn		
电　　话：010-82004826		http://www.laichushu.com	
社　　址：北京市海淀区马甸南村1号	邮　　编：100088		
责编电话：010-82000860 转 8539	责编邮箱：pengxyjane@163.com		
发行电话：010-82000860 转 8101/8102	发行传真：010-82003279/82000893		
印　　刷：北京中献拓方科技发展有限公司	经　　销：各大网络书店、新华书店及相关专业书店		
开　　本：720mm×1000mm 1/16	印　　张：10.25		
版　　次：2015年9月第1版	印　　次：2015年9月第1次印刷		
字　　数：203千字	定　　价：39.00元		

ISBN 978-7-5130-3769-3

前 言

改革开放以来，特别是20世纪90年代后，FDI大量流入中国，对中国的收入增长和就业结构转换发挥了积极的推动作用。然而，FDI的区域和产业投资倾斜也导致了中国收入分配不公和就业失衡等问题，影响到国民经济持续均衡发展和社会公平稳定。基于此，本书以当前中国利用外资进入新的发展阶段，国内收入分配和就业结构调整面临新形势为背景，沿着理论分析→机理探源→实证研究→政策设计的研究路线，运用历史主义与抽象归纳、统计描述、联立方程等计量的方法，对论题进行研究。

首先，在理论和机理研究上，论述了影响劳动力流动及就业转移的因素，揭示了FDI对就业转移的直接效应和间接效应；探讨了FDI如何通过收入分配影响就业转移的传导机理和作用路径，提出了FDI流入→收入差距→就业转移的新分析框架。其次，在实证分析层面，总结了中国劳动力流动和就业转移的空间格局；描述了FDI、收入分配与就业转移在中国的区域分布特征；运用泰尔指数等数理统计的方法定量测度了FDI、工资收入和就业人口在我国的区域分布差异及其影响因素；基于CES生产函数，推导出就业的决定方程，构建FDI、收入差距与就业转移的联立方程模型，测算了FDI流入对就业转移的直接效应及其通过收入分配因素对就业转移的间接效应。最后，在政策设计中，基于对FDI流入导致的收入差距及就业失衡给国家经济安全和社会公平稳定带来的影响评价，提出了中国引资和劳动就业政策调整优化的必要性，以及合理利用外资、促进中国收入分配公平与就业和谐的政策取向。

研究结果表明：

（1）FDI流入→收入差距→就业转移的作用关系。FDI流入会导致收入差距的扩大，而收入差距的扩大导致了劳动力的就业转移。这其中的传导渠道为：FDI通过提高员工收入的直接效应和通过影响区域结构、产业结构、贸易结构和技术溢出的间接效应来影响收入分配差距；收入差距通过消费结构和消费水平的差异及劳动者心理因素和家庭劳动力资源优化配置的两个渠道最终影响劳动力就业转移。

（2）中国外商直接投资、收入差距及劳动力就业转移的差异现状。从描述FDI、工资收入和就业在三大地区间的差异现状入手，通过历年的标准差数据揭示了三者区域差异的变化趋势，使用泰尔指数对三个变量区域差异的影响因素进行分解，得出区域间差异对造成FDI、工资收入和就业区域差异的贡献最大。FDI和工资收入的区域差异导致了劳动力就业转移，根据2000年和2010年的两次全国人口普查数据，比较分析了人口迁移的区域特征。

（3）劳动力就业转移的成因。中国人口流动和劳动就业转移的区域特征比较明显，主要表现为区域内部人口的迁移和区域间人口的迁移。根据第五次全国人口普查的数据：1990—2000年人口总迁移中，人口由中部向东部的迁移占41.5%，由西部向东部的迁移占19.3%，中西部合计向东部地区的迁移占60.8%，而东部向中西部迁移的占比合计为5.91%。第六次人口普查的数据表明：2000—2010年，人口由中部向东部的迁移占43.18%，由西部向东部的迁移占20.04%，中西部合计向东部地区的迁移占63.22%，而东部向中西部就业转移的占比合计为4.48%。从两次人口迁移的数据对比来看，由中、西部流向东部的占比分别上升3.8%和3.6%，而由东部流向中、西部的占比下降，两地区合计下降16%。

（4）FDI对区域就业差异和就业结构变迁的作用。从整体上看，FDI加大了东、西部地区的就业差异，缩小了中部地区的就业差异。从区域发展的趋势来看，FDI首先流入我国东部地区，进而向我国中、西部地区转移。随着FDI流入的增加，东部将成为吸纳就业人员的主要地区，并带动大量劳动力转移到此，但其吸纳就业人员的能力将严重下降。由于FDI对就业作用的滞后性，区域就业不均衡的状况短期内不会改变。从长期来看，中部未来可能会成为吸纳就业的主要区域之一。

（5）FDI流动与就业的长期均衡与短期波动的关系。VAR模型和脉冲相应分析的结果表明：FDI与三大区域就业人数之间存在长期协整关系。FDI流入每增加1个百分点，会引起东部地区就业人数的减少，其他地区就业人数的增加。FDI的就业效应具有滞后性，且长期吸纳效应和短期挤出效应并存。FDI对东部地区就业的贡献率较大，中部地区利用FDI促进就业的效率最高。

（6）FDI对中国就业转移的直接效应和间接效应。FDI流入每增加1%，对东、中、西部地区内部就业转移的直接效应分别为：0.0786、−0.0348和0.004；间接效应分别为：0.0225、−0.181和−0.1971，对三大区域间就业转移的直接效应为0.0516，间接效应为0.034。FDI因素对三大地区内部就业转移的净效应为：0.1011、−0.2158和−0.1931；对区域间就业转移的净效应为0.0856。收入差距是FDI流入就业转移效应的重要传导渠道。

（7）FDI流入与就业转移的评价。就业转移带来的影响包括积极影响和消极影响，FDI流入对国家经济安全的影响总体上是积极的。

本书是作者博士论文的研究成果，在博士学习期间，感谢武汉理工大学经济学院为我提供了一个温暖而宽厚的学习环境，感谢导师朱金生教授的辛勤培育和严格鞭策，感谢王仁祥教授鼓励和支持，感谢博士开题、盲审和答辩老师提出的宝贵意见，感谢同学和家人的鼎力支持……真诚地感谢所有关心我、帮助我、支持我的人。

王鹤

2015年6月

目　录

第1章　绪　论 ···1

1.1　研究目的及意义 ···1

1.2　研究内容与结构安排 ····································3

1.3　研究方法与技术路线 ····································5

第2章　外商直接投资、收入差距与就业转移的文献研究综述 ·······7

2.1　劳动力流动的相关研究 ··································7

　　2.1.1　劳动力流动理论的系统阐述 ·····················8

　　2.1.2　促使中国劳动力流动的因素辨析 ················12

　　2.1.3　中国劳动力流动的模式 ·······················14

2.2　外商直接投资与就业的关系 ····························14

　　2.2.1　外商直接投资与就业需求 ·····················15

　　2.2.2　外商直接投资对就业的影响 ···················15

　　2.2.3　FDI流入与地区就业差距 ·····················18

2.3　外商直接投资对收入差距的影响 ························19

　　2.3.1　国外的相关研究 ····························20

　　2.3.2　国内的相关研究 ····························20

2.4　收入差距与就业转移 ··································21

2.5　小结与评述 ···23

第3章　FDI流动、收入差距与就业转移的相关理论 ·············25

3.1　相关理论研究 ·······································26

　　3.1.1　FDI理论 ·································26

　　　3.1.2　就业理论 ·· 30

　　　3.1.3　劳动力流动与收入差距的关系理论 ··················· 35

　　　3.1.4　FDI流动→收入差距→就业转移→就业结构变迁:

　　　　　　　一个新的分析框架 ·· 38

　　3.2　就业转移及其影响 ·· 41

　　　3.2.1　积极影响 ··· 41

　　　3.2.2　消极影响 ··· 42

　　3.3　影响中国就业转移的因素 ·· 43

　　　3.3.1　劳动力市场特殊性的外部因素 ·························· 43

　　　3.3.2　收入差距的内部决定性条件 ····························· 45

　　3.4　本章小结 ·· 46

第4章　中国FDI流入、收入差距及就业转移的现状与空间差异 ········ 49

　　4.1　中国劳动力的基本特点与就业转移的空间格局 ··········· 50

　　　4.1.1　中国劳动力的基本特点 ··································· 50

　　　4.1.2　中国人口迁移和就业转移的空间格局 ··············· 52

　　4.2　中国FDI、收入分配及就业的差异描述 ····················· 55

　　　4.2.1　FDI的区域格局 ··· 55

　　　4.2.2　收入分配的区域特征 ······································ 58

　　　4.2.3　就业的区域分布 ·· 60

　　4.3　本章小结 ·· 64

第5章　FDI流入、区域差距及就业转移变迁 ······························ 66

　　5.1　区域差异与就业转移的差异测度 ······························ 67

　　　5.1.1　FDI的区域差异因素分解 ································· 67

　　　5.1.2　收入分配的区域差异及因素分解 ······················ 69

　　　5.1.3　就业的区域差异及因素分解 ····························· 71

　　5.2　实证模型及数据说明 ·· 72

5.2.1 理论框架 ································· 72

5.2.2 模型构建 ································· 74

5.2.3 数据来源及说明 ·························· 75

5.3 实证结果及分析 ····························· 76

5.4 本章小结 ································· 78

第6章 FDI流动对我国就业结构的动态效应 ··········· 80

6.1 理论框架 ································· 81

6.2 模型设定及数据说明 ························· 82

6.3 VAR模型的实证检验结果 ····················· 83

6.3.1 变量的平稳性检验 ······················· 83

6.3.2 协整检验 ····························· 83

6.3.3 误差修正模型 ·························· 84

6.3.4 脉冲响应分析 ·························· 85

6.4 本章小结 ································· 86

第7章 FDI流入、收入差距与就业转移的静态效应：

基于联立方程模型的分析 ················· 88

7.1 联立方程模型构建 ··························· 88

7.1.1 联立方程模型系统 ······················· 89

7.1.2 联立方程模型构建 ······················· 90

7.1.3 数据选取及说明 ························· 91

7.2 实证结果分析 ····························· 93

7.2.1 联立方程模型估计结果分析 ················· 93

7.2.2 FDI对就业转移的直接效应与间接效应的测算 ········ 96

7.3 本章小结 ································· 97

第8章 FDI流入、收入差距与就业转移的作用机理 ······· 100

8.1 投资与就业的一般关系 ······················· 101

8.2 FDI流入对就业转移的直接效应与间接效应 ·················102

8.3 FDI就业效应的传导渠道 ·················105

8.4 FDI流入→收入差距→就业转移的传导机制 ·················109

8.4.1 FDI流入与收入差距的关系 ·················109

8.4.2 收入差距影响就业转移的传导机制 ·················112

8.4.3 FDI流入→收入差距→就业转移的传导路径 ·················119

8.5 本章小结 ·················120

第9章 利用FDI促进中国就业的政策选择 ·················122

9.1 FDI流入与就业转移的评价 ·················123

9.2 利用FDI促进就业的政策选择 ·················127

9.3 本章小结 ·················132

第10章 总结与研究展望 ·················134

参考文献 ·················139

第1章 绪 论

1.1 研究目的及意义

以跨国公司为主体的外商直接投资（FDI）通过产业调整和转移引致东道国的国内劳动力就业转移。改革开放以来，特别是20世纪90年代后，世界经济步入黄金增长期，FDI大量流入中国东部沿海制造业，对中国的劳动力转移、就业增长和结构转换发挥了积极的推动作用。然而，在很大程度上由FDI引致的区域和产业间的就业转移和就业替代（杨云彦等，2003），也带来了一些新的不平衡问题。FDI在就业产业结构和区域上的不均衡，不利于第一产业的稳定和第三产业的发展，影响中国产业结构的优化和升级；由于沿海地区对内地的非农产业替代，内地农村劳动力大量外流；包括劳动力在内的大量的生产要素往东部沿海"流动"和"转移"，一方面造成中西部地区的"外围化""边缘化"，区域差距扩大；另一方面将加剧年复一年的"民工潮"等社会问题。2008年10月以后，在金融危机影响下，世界经济迅速衰退，中国沿海不少外企撤资，FDI流入出现负增长。外需萎缩不仅造成了国内经济增速放缓，而且促使就业形势发生扭转，大量劳动力失业返乡（蔡昉、王美艳，2009）。2010年新年伊始，由于国际经济出现复苏回暖，沿海企业又出现招工难和"用工荒"。其实"用工荒"早在几年前就已在中国东南沿海出现，它是FDI驱动的外向型经济多年发展的结果，给中国劳动就业的公共管理增添了巨大压力。在促进就业越来越应该成为宏观调控的优先目标的今天（杨宜勇、顾严，2007），这一问题应该从战略上引起我们的高度关注。因而，研究FDI的就业转移效应，尤其是以收入差距作为中间传导变量研究就业转移问题的意义重大。

（1）本书的研究是转变中国经济结构和增长方式，迈向现代化强国的

1

战略需要。"民工潮""用工荒"问题，绝不是一个简单的经济问题，也不是一个简单的供需矛盾，它聚集了中国经济、社会、就业、教育等领域太多的错位与畸形，显现经济结构、社会结构、就业结构和教育结构的严重失衡，在很大程度上阻碍着我们转变结构和增长方式迈向现代化强国的征程，必须高度重视和积极应对。造成这种结构失衡的原因很多，其中经济周期波动下FDI在产业和空间上的扩张伸缩不能不说是一个很重要的影响因素。因此，亟须在理论和实证上对其关系和作用机理展开深入研究。

（2）本书的研究是丰富和发展中国利用外资与劳动就业相关理论的思想元素。目前，在理论上和实践中关于利用外资与就业的关系，可以说是仁者见仁，智者见智。从科学发展的观点来看，对从不同角度得出的研究结论或成果，既不能不分青红皂白的肯定，更不能轻易地加以否定。指导如此波澜壮阔的中国利用外资的伟大实践，没有理论认识的不断创新和进步，就难以达到辉煌的成功顶点。

（3）本书的研究是促进收入分配公平与劳动力合理流动，确保国家经济安全的现实要求。收入分配问题与就业问题关系到一国的经济稳定。由于经济发展的需要，中国对外资给予了众多优惠的政策，但是现阶段，外商直接投资在投资方式、投资区域和领域等方面都有了显著变化，这导致外资企业相对于内资企业在国内享受更多的超国民待遇，这种特殊的待遇会影响到中国收入分配与劳动力流动，对中国的经济健康、快速发展存在一定的负面影响。因此，对FDI流入、收入分配与就业转移关系的理论与实证分析，有助于保障国家经济安全，有助于中国经济稳定、健康的发展。

（4）本书的研究是制定中国经济转型、缩小收入差距、改善民生的政策依据。对于我们这样一个发展中国家而言，面对的是经济全球化进程中工业化、城市化带来的经济结构的变化与伴随着的农业剩余劳动力的转移，社会上要求改善农民工待遇、缩小城乡和地区收入差距、促进就业、改善民生的呼声迅速提高。全球化对发展中国家的经济和就业的影响是一把双刃剑，一方面，发达国家的FDI与产业转移为我们提供了就业机会，加快了经济的转型；另一方面，FDI以其微观利益驱动所带来的结构失衡和产业地区差距等问题与中国的宏观调控目标和公共利益取向存在一定的矛盾。因此，提出合理的引资政策与就业政策的政策，合理引导外资投向，推动中国剩余劳动力有序流动，这对于在新时期进一步加快经济转型、缩小收入差距、改善民生意义重大。

综上所述，在当前国际资本流动进一步加快、中国利用外资进入新的发展阶段、国内就业和结构调整面临的新形势下，在收入分配视角下研究FDI的就业转移效应，有利于在理论上科学、全面地认识外资对经济和社会的作用，在实践中正确制定中国引资导向、产业转移、劳动力流动和结构调整的相关政策。这对于在"十二五"时期更好地转变经济、社会结构，落实以人为本、全面、协调、可持续的科学发展观，全面建设小康社会无疑具有重要的战略价值和深远的现实意义。

1.2　研究内容与结构安排

本书以当前中国利用外资进入新的发展阶段，国内就业和结构调整面临新形势为背景，通过对外商直接投资（FDI）与劳动就业等相关理论进行演绎归纳提出一个新的分析框架：FDI流入→收入差距→就业转移。理论上深刻揭示外商直接投资通过收入差距这一传导变量对就业转移的作用机理。实证上结合中国相关数据，利用数理统计、计量经济学的分析方法，全方位、多层面、动态评估外商直接投资的就业转移效应，评价FDI流入带来的就业转移对国家经济和社会的影响，最后提出相关政策建议。具体内容如下。

第1章：导论。从当前中国利用FDI进入新的发展阶段以及中国经济结构和就业结构变动为背景，提出了研究的目的和意义；明确本文的研究内容和研究方法；基于上述分析构建本文的研究思路与技术路线；提出本书的创新点。

第2章：外商直接投资、收入差距与就业转移的文献研究综述。通过回顾国内外已有的文献和研究资料，梳理前人对FDI流入、收入分配及就业转移的相关研究观点，总结其研究进展和不足。

第3章：FDI流动、收入差距与就业转移的影响与动因。理论上分析中国劳动力市场的特点和就业转移对社会和经济的影响，阐述就业转移的动因与内部和外部影响因素。

第4章：中国FDI流入、收入差距及就业转移的现状与空间差异。结合中国的现实情况和相关统计数据，分析中国就业转移的基本特征和空间结构；描述了FDI、收入分配与就业在中国的区域分布格局及总量特征和结构特征。

第5章：FDI流入、区域差距及就业转移变迁。利用1995—2010年我国31个省市的数据，运用泰尔指数分解，测算FDI、工资收入和就业人口在中国区域分布的差异；以CES生产函数为基础，构建FDI与就业差异的计量模型，利用面板数据估计，考察FDI流动对就业差异的影响。

第6章：FDI流动对我国就业结构的动态效应。基于VAR模型的理论基础，运用协整分析和误差修正（VEC）模型，通过脉冲响应分析方法，实证研究FDI流动对我国区域就业的不均衡影响，揭示了FDI对区域就业动态作用的路径变化。

第7章：FDI流入、收入差距与就业转移的静态效应：基于联立方程模型的实证检验。构建FDI、收入差距与就业转移的联立方程模型，测算了FDI流入对就业转移的直接效应及其通过收入分配因素对就业转移的间接效应。结合1995—2010年统计数据，测算FDI差异对我国三大区域内和区域间就业转移的直接效应及其间接效应。

第8章：FDI流入、收入差距与就业转移的作用机理。研究资本流动、收入分配和劳动力流动的一般关系；揭示FDI流入对就业转移的直接效应与间接效应；分析了FDI就业效应的传导渠道，构建了FDI流入→收入差距→就业转移的分析框架。

第9章：利用FDI促进中国就业的政策选择。基于前文的理论和实证分析，探讨利用外资促进中国收入分配公平和就业和谐的政策取向。

第10章：结束语。对全文的理论研究和实证研究进行总结，提出研究结论；基于前文的理论和实证分析，指出本文的不足和未来的研究展望。

1.3 研究方法与技术路线

本书采取如下研究方法：

（1）运用归纳和演绎分析法对中国就业转移的动因及规律、FDI、收入分配和就业转移作用机理进行分析，明确了收入分配的重要地位和作用，揭示了FDI流入→收入差距→就业转移的传导机制。

（2）采用统计学的方法。在分析中国FDI、就业及收入分配格局时采用数理统计的方法计算，如均值、方差和基尼系数计算等；利用泰尔指数测度FDI和就业人数在产业和区域间分布的不平衡状况。

（3）采用计量分析的方法。运用联立方程模型的方法，分析FDI、收入分配和就业转移的计量关系，测算FDI流入对就业转移的直接效应及其通过收入分配因素对就业转移的间接效应。

根据本书的研究内容和研究方法，研究的思路为：在文献综述方面，本书从劳动力流动理论、外商直接投资与就业的关系、外商直接投资对收入差距的影响和收入差距与就业转移的关系方面对外商直接投资（FDI）与劳动就业等相关理论进行演绎归纳。在机理分析方面，分析了影响中国就业转移的因素，揭示了外商直接投资对就业转移的直接效应和间接效应；研究外商直接投资通过收入差距对就业转移的传导机理和作用路径；构建了FDI流入→收入差距→就业转移的分析框架。在实证分析方面，文章结合中国相关数据，利用数理统计、计量经济学的分析方法，全方位、多层面、动态评估外商直接投资的就业转移效应。具体的研究内容包括：第一，分析中国就业转移的基本特征和空间结构；描述了FDI、收入分配与就业在中国的区域分布格局及总量特征和结构特征；通过标准差、泰尔指数等数理统计的方法测算FDI、工资收入和就业人口在中国区域分布的差异。第二，基于CES生产函数，推导出就业的决定方程，构建FDI与就业差异的计量模型，利用1995—2010年我国31个省市的数据，利用面板数据估计，考察FDI流动对就业差异的影响。第三，基于VAR模型的理论基础，运用协整分析和误差修正（VEC）模型，通过脉冲响应分析方法，实证研究FDI流动对我国区域就业的不均衡影响，揭示了FDI对区域就业动态作用的路径变化。第四，构建FDI、收入差距与就业转移的联立方程模型；结合中国的相关统计数据，使用Eviews 6.0软件进行参数估计，测算FDI流入对就业转移的直接效应及其通过收入分配因素对就业转移的间接效应。在政策研究方面，评价FDI流入带来的就业转移对国家经济和社会的影响，指出中国引资政策和劳动就业政策的必要性、可行性和基本原则；基于前文的分析，探讨利用外资促进中国收入分配公平和就业和谐的政策取向。

本书研究的技术路线见图1-1。

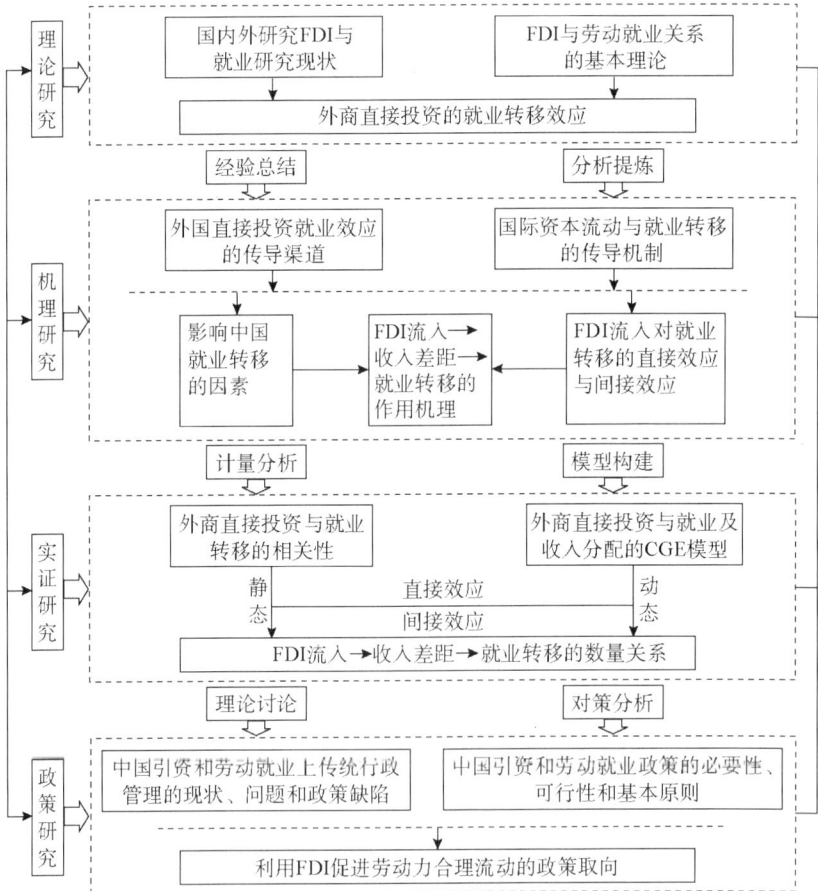

图1-1 本书研究的技术路线

第2章　外商直接投资、收入差距与就业转移的文献研究综述

近年来，中国就业量总体增长缓慢，就业特征在一定程度上表现为区域间和产业间的就业转移所引致的就业结构变迁。造成就业转移的因素有很多，其中一个原因就是FDI流入引致的行业和区域收入分配的差异，劳动者为了较高的报酬从一个地区或行业流转到另一个地区或行业。梳理国内外的文献，学者们对就业转移问题的研究主要是围绕劳动力流动进行。劳动力流动与就业转移是两个非常相似的概念，宏观上二者都表现为有劳动能力人口的流动，但严格地说，二者存在细微差别：劳动力流动是指劳动力在地区间，产业间的转移，表现为人口的流动；而就业转移是指就业在地区间，产业间的转移，表现为就业量的变化。在实证研究中，就业量比劳动力流动获取资料更容易，并且本书的研究重点为就业的转移，因此，在书中的就业转移指的是导致就业人口发生变化的所有的劳动力的流动。劳动力流动与就业转移的概念在本书可以互用。

本章文献综述包括四部分的内容：第一节梳理了劳动力流动相关理论；第二节阐述了外商直接投资对劳动力就业的影响，重点总结FDI的就业效应的文献；第三节归纳了FDI与收入分配差距关系的研究；第四节归纳了收入差距对就业转移影响的文献；第五节在前面文献综述的基础上，对国内外研究的贡献和不足进行总结和评述。

2.1　劳动力流动的相关研究

劳动力流动是18世纪工业革命以来出现的现象，它是劳动力市场配置

的重要保证，有关劳动力流动的研究可谓是汗牛充栋。本节归纳总结已有的劳动力流动理论，探讨劳动力流动的影响因素。

2.1.1 劳动力流动理论的系统阐述

西方学者的研究归纳起来分为发展经济学理论、新劳动力流动理论和微观主体的决策理论三类。

2.1.1.1 发展经济学理论

发展经济学理论将劳动力流动的问题放置于宏观经济发展的框架之下进行分析，在分析传统部门和现代部门之间结构性差异的基础上，将经济增长和劳动力流动结合在一起进行研究。代表性理论有：刘易斯的二元经济模型（Lewis，1954）和托达罗模型（Todaro，1969；Harris 和 Todaro，1970）。

（1）刘易斯的二元经济理论。刘易斯（Lewis，1954）提出了劳动力流动与经济发展的二元经济模型，认为处在经济发展初期的国家具有二元经济结构特征，即经济结构中包括两个部门，一个是传统的自给自足的农业部门，一个是开放的现代城市工业部门。农业部门缺乏资本，劳动生产率低，但存在大量的剩余劳动力；工业部门资本丰富，劳动生产率高。随着资本积累的增长和社会生产力的提高，工业部门发展迅速，对劳动力的需求加大，会吸收一部分农业部门的剩余劳动力，资本家不断的将获得的利润投入到再生产中，工业部门的规模会进一步扩大，从而不断的吸收农村的劳动力。这个过程不断循环，直至农业部门的剩余劳动力完全被工业部门吸纳，劳动者在两部门间与城乡间形成合理的配置，二元经济向一元经济转型结束，各部门的劳动生产率和工资差距逐渐减小直到消失。

在上述的整个过程中，劳动力流动包含两个层次，一是产业上的转移：从农业部门转向工业部门；二是空间上的转移：从农村转向城市（Lewis，1954）。刘易斯认为，部门间的收入差距导致了非熟练劳动力的流动，工业部门的工资水平只要在一定程度上高于农业部门，非熟练劳动力就会由农业部门向工业部门流动。部门间收入水平的差距是导致城乡收入差别扩大并且农村劳动力大量流入城市的原因。

（2）费景汉-拉尼斯的补充性研究。费景汉和拉尼斯（John C H Fei and Ranis, 1961）引入了技术进步因素，对刘易斯模型进行了补充和完善。他们仍然假设劳动力无限供给，将经济发展分为三个阶段：在第一阶段中，农业部门的边际生产率等于零，农业部门里存在大量剩余劳动者，农村人口流向城市不会减少农业部门的产出；在第二阶段，农业部门的边际生产力大于零且小于不变的制度工资，劳动力向城市流动会减少农业部门产出，根据供求理论，农产品价格将会上涨，工业部门由此提高工人工资；在第三阶段，农业部门的边际生产力大于制度工资，农业部门的剩余劳动力已经全部流入到工业部门，农业部门的工资收入由市场决定，工业部门要吸收劳动力就必须提高工资，与农业部门竞争。在经济发展过程中，农业部门需与工业部门均衡发展并且应保持农业部门劳动生产率的提升，由此来增加农村剩余劳动力数量因而农业部门才能够释放更多的劳动力。他们同样认为部门间的收入差距导致了劳动力的流动。

（3）乔根森理论。乔根森（Jorgensen, 1961）认为在经济发展初期，社会上只有农业一个部门。随着经济发展的加快，工业部门在此基础上发展起来。劳动者工资的水平由劳动边际生产率决定，技术进步因素会使农业部门和工业部门的工资均有不同程度的增长，但两部门的工资差距程度基本不变，工业部门有必要与农业部门保持一定的工资差距，这有利于劳动力从农业部门向工业部门流动，来扩大工业部门的生产规模，农村剩余劳动力在工业部门的发展中发挥了重要作用。但对劳动力流动贡献最大的是消费因素，根据恩格尔定律，随着收入增加，居民对食物等农业产品的需求相对减少，而对工业产品的需求逐渐扩大。因而，为了满足人们对工业产品的消费需求，农业劳动力流向工业部门以保证工业品的生产。

（4）托达罗的迁移模型。托达罗（Todaro, 1969）在二元经济框架下构建了劳动力转移的经典模型，并与次年由 Harris 与 Todaro 将模型完善。该理论通过预期收入差距解释了发展中国家劳动力流动的问题，该理论认为：城乡间的预期收入差距导致了农村劳动力流向城市，只要城镇存在相对较高的预期收入，那么城乡间劳动力流动就不会停止，直到两者达到均衡状态。托达罗模型的政策内涵是为了缓解城市的失业问题，政府应缩小城乡间的收入差距。为此，政府应大力发展农业经济，提供农业的就业机会。

2.1.1.2 新劳动力流动理论

新劳动力流动经济学家斯塔克（Stark,1984）研究了家庭对劳动力流转决策的影响，该理论提出流动的动因一方面来自两部门的收入差距，另一方面来自家庭的效用最优，这种家庭效用最优表现在几个方面。

一是家庭的社会阶层地位最优。斯塔克与泰勒（Stark and Taylor,1986）认为劳动力流动可以看作居民对自身的收入相对于所处的位置或区域内的收入水平比较结果的反应，也就是如果居民觉得自己的生活在所处环境内处于"相对贫困"的水平，他就有流动的可能，因而劳动力流动的主要目的是为了提高自身或家庭的社会阶层地位。

二是家庭的收入风险最小。农业生产容易受到天气和自然灾害的影响，加上农产品的价格不稳定，农业部门的收入是波动的，如果家庭成员全部从事农业劳动，家庭的总收入也是波动的，为了保证家庭收入的稳定，从资源最优配置的角度来看，家庭中的劳动力资源也需要重新配置，如一部分成员从事农业生产，一部分成员外出到其他部门劳动。这样看来，劳动力流动的一个原因是为了规避风险，以获得长期稳定的家庭收入。流动可以看作家庭为了获得稳定收入的一种自我保护行为，是家庭的整体效用最大化（Stark,1991）。

2.1.1.3 微观主体决策理论

发展经济学和新劳动力流动的理论认为，收入因素是影响劳动力流动最重要的因素，收入差距直接或间接的影响劳动力流转活动，如流动方向、流动量等。劳动力流动的行为受很多因素的影响，微观决策理论在收入的基础上强调活动主体的个人特征，重点分析个人和家庭因素对流动决策的作用。

（1）经济效益最大化模型。从经济学的视野来看，理性的个人追求活动的经济效益最大化，在就业流转方面也不例外，劳动者在选择就业时会兼顾考虑收入与成本的因素，追求利润的最优。经济效益最大化的研究着重讨论流动活动的成本与收益问题，有代表性的有：舒尔茨（Schultz，1961）创立了人力资本投资模型，认为劳动力流动是一种个人的投资活动，他把工资收入看作投资的收益，流动的费用、生活费用等一切费用看作流动成本，只有在收益大于成本时流动行为才会发生。斯加斯塔德（Sjaastad，1962）从广义的角度分析，认为劳动力流动的收益可以分为可见的货币收益和不可见的非货币收益，货币收益直观表现为收入，非货币收益是流动行为带来的其他效用，如生活条件、心理满足和职业环境等；成本包括有形的货币成本和无形的非货币成本，有形成本直观表现为流动活动及在外地生活的花费，无形的非货币成本包括不平等待遇的心理适应、对原有工作的放弃等。劳动力流动会带来社会收益和社会成本。

（2）个人特征与决策。劳动者的人口特征如年龄、性别、教育程度等与其流动的决定有密切的联系。一般而言，年龄与流动呈反向关系；男性劳动者更倾向于流动；教育程度与流动呈正向关系；个人决策的研究更侧重于讨论人力资本水平与流动活动的关系；有代表性的研究有：卢卡斯（Lucas，1985）应用非洲博茨瓦纳国家的微观数据发现，受到教育程度高的人口更倾向于迁移到城市中，他认为这个现象可能的原因是受教育程度高的人口在城市更易于获得工作机会。布加斯（Borjas，1987）通过分析流动决策的内生性，研究了劳动者的自我选择与其收入之间的联系，认为个人流动决策由三个因素决定，一是个人可视和不可视的个人能力"可转移度"；二是迁入地与迁出地的相对收入差距；三是两个地点的相对平均收入水平。布加斯发现，高素质劳动者通常会受到收入差距较大的工作的吸引，而低素质劳动者更倾向于选择收入差距较小的劳动力市场。Agesa 利用肯尼亚的经验数据证实了劳动力流动是一种自我选择机制，它根据劳动者个人的特征将劳动者分为迁移者和非迁移者，高素质劳动者会选择迁移到城市中，因为他们会面临较高的城乡期望工资的差异。卢卡斯（Lucas，2004）用城市人力资本的外部性解释了劳动力流动现象，提出了城市吸引劳动力流动的原因在于城市是一个积累人力资本的好地点，他将流动活动

11

看作劳动力从土地密集型的生产向人力资本密集型生产的转移，流动的过程会给经济发展带来巨大潜力。

（3）家庭决策。尽管劳动力流动是个人的活动，但作为社会成员之一，个人的决策难免会受到家庭因素的影响，很多研究从更宽泛的角度考虑劳动力流动的决策，更加细致的探讨家庭因素、社会联系等对流动行为的影响。明瑟（1972）研究了家庭因素对流动决策的影响，发现家庭因素，尤其是婚姻关系会在很大程度上影响个人的决策，迁移的家庭收益只是家庭迁移决策的必要条件而不是充分条件，流动给家庭成员尤其是夫妻两人带来的影响会被考虑进流动决策。结论是与单身的人相比较，结婚的劳动者迁移的可能性更小。

总体来看，国外关于劳动力流动的相关研究理论是分析中国劳动力流动的基础，为促进中国劳动力合理流动提供了的理论基石，但这些理论是从不同国家经济发展和社会实践中总结出来的，各自的研究社会背景不同，研究的侧重点也不同，加上中国特有的经济和社会结构，这些理论在中国的适用性和解释能力还有待于进一步发掘。

2.1.2　促使中国劳动力流动的因素辨析

在国外劳动力流动理论的基础上，本节对关于中国劳动力流动影响因素的研究观点进行整合，有如下四类观点。

（1）收入差距因素。在中国，收入差距依然是导致劳动力流动的主要因素，但由于中国特殊的经济社会体制，二元经济理论在中国的应用发生了一些变化。赖小琼（2007）在二元经济结构理论及托达罗模型的基础上，从成本支出和工资收入的比较探讨了农村劳动力转移的问题，认为追求利润最大化是农村居民做出流动决策的前提，形成了成本-收益模型；蔡昉（2005）从转移决策的机会成本的角度分析，认为乡村和城市收入的差别大小成为流动程度的影响因素，他揭示了流动决策主要由农户对流动成本和预期收益的比较决定；王德文、蔡昉、张国庆（2008）通过研究发现，农村劳动力由农村向城市转移的动力是多方面的，巨大的收入差距是劳动力持续转移的主要原因，农村内部分化导致的收入差距也是其流转重要原因；蔡昉（2010）在分析中国民工荒问题时指出，收入差距的波动是农村劳动力回流的主要原因，他通过对地区农村的人均收入与全国农村的人均收入的比值与劳动力迁移的情况研究中发现：具有较低农业收入的居民最倾向于流转，相对收入差距是导致农村劳动力转移的重要原因。

（2）经济发展因素。高国力（1995）认为经济区域发展的不平衡是导致劳动力转移的因素之一，经济发展水平高的地区吸引劳动力向该地区转移；李实（1997）、都阳（2001）从农村资源禀赋的角度解释了中国农村劳动力流动的原因，他们认为农业部门的资源禀赋缺乏是造成农村劳动力转移的原因；朱农（2005）建立了多个Logit模型，实证考察了GDP等宏观经济因素对劳动力转移的效应，发现城镇的人均GDP越高，对劳动力转移的拉力就越大，而农村的人均GDP越低，劳动者转移的意愿就越强；白云涛和甘小文（2005）构建了一个动态博弈模型，采用博弈分析的方法得出农村劳动力转移的动因之一是经济因素。

（3）人口特征因素。人口特征因素包括个体的性别、年龄、婚姻状况及受教育程度等。大量研究认为，男性做出就业转移决策的概率高于女性（史清华、林坚、顾海英，2005）；婚姻状况对劳动力流动有一定的负效应（朱农，2002）；人口特征因素方面研究最多的是关于个体受教育程度与就业流转关系，有代表性的有：程名望、史清华、徐剑侠（2006）认为教育水平对劳动力做出流转的决策影响很小，反而促进了劳动力从农业部门转移到非农部门；危丽和杨先斌（2005）运用博弈分析的方法，研究了中国低素质劳动力和高素质劳动力就业流转的动因和阻碍；李勋来和李国平（2006）认为劳动力的内在素质决定了其是否流转，建议加大对农村的教育投入从而提升劳动力流动的效率；蔡昉等（2009）的研究表明农村劳动者收入中非农收入部分的多少主要由其受教育水平和技术技能的高低决定。

（4）其他因素。除了以上诸多因素以外，劳动者的就业流转还与经济地位、信息和社会关系网络等因素有关。相关研究有：王春超（2009）在理性经济人的框架下，发现在劳动力流转过程中，农村居民的就业转移呈现大规模集聚的趋势，就业集聚形成的信息和社会网络对农民外出就业的正效应显著地影响着农民的就业决策；蔡昉等（2010）研究得出，城乡收入差距不是农村劳动者向城市流转的唯一动力，而收入差距扩大带来的相对经济地位变化则是推动农村劳动者向城市流转的一个重要原因。

2.1.3　中国劳动力流动的模式

不同于其他发展中国家，中国的劳动力流动具有"候鸟式"特征，对于许多流到新地区就业的劳动者来说，他们可能在流入地找到就业机会，但能留在就业地定居的概率却很小，中国劳动力流动分为两个过程：流出的过程和回流的过程（蔡昉、王德文；2003）。

关于造成中国劳动力流动"候鸟式"流动模式的原因，制度因素（如户籍制度）、居民福利体系等是直接原因（赵耀辉、徐建国；2001）；杨德才（2007）认为除了户籍制度以外，农业生产的所有制形式也是影响农民工流动模式的重要因素。此外，孟新（2001）研究认为个人受教育程度、劳动者技能和工作经验等也是影响农村劳动力流动模式的因素，高素质的劳动者的迁移意愿更强。章铮（2006）生命周期角度估算劳动密集型制造业农民工的收支，分析了影响这类劳动者定居决策的重要因素，认为恶劣的工作环境是影响这类劳动者决定回乡的原因。还有一些研究从社会网络缺失，社会歧视等多角度探讨"候鸟式"流动模式的原因：Fuchs（2003）从福利得失视角分析，认为所处的社会地位的差异是农村劳动力就业的特殊模式的原因；谢嗣胜、姚先国（2006）通过实证分析，认为59.4%的城乡就业者的工资差异可以归因为社会歧视；徐玉龙等（2007）提出对农民工的就业机会歧视，待遇歧视等四种歧视是城乡劳动力资源合理流动和有效配置的重大障碍。

2.2　外商直接投资与就业的关系

在劳动力流动理论的基础上，本节总结关于外商直接投资与就业的关系及影响以及其带来的地区就业不平衡问题，其中重点分析外商直接投资流动的就业效应，这为后面的研究打下基础。

2.2.1　外商直接投资与就业需求

钱纳里和斯特劳特（Chenery and Strour，1966）提出"双缺口"模型，认为发展中国家的特征是劳动力资源充沛，自然资源丰富，但国内投资能力不强，并且在开放经济条件下，它们的出口能力弱，缺乏发展所需的国外投资。他们将这些问题概括为"三种约束"，即储蓄约束，表现为国内储蓄额低，不能满足发展所需的资本的需要；外汇约束，表现为外汇额低不能满足进口的需要；吸收能力约束，表现为技术能力和管理技术低，不能满足资源利用的需要。其中，储蓄约束和外汇约束是二人的重点研究对象，他们认为一国可以通过引进和利用国外的资本来弥补本国经济发展过程中储蓄和外汇这两个缺口，从而丰富国内资本，促进经济发展和就业。

对于外资如何对就业需求产生影响，克里斯托夫（Christoph，2005）以拉美国家为案例的研究表明，FDI以私有化或并购的形式进入东道国时，会导致劳动力失业，这是因为FDI挤出了东道国的国内投资，造成了该国经济的不稳定，为此要保证一国经济和就业的持续增长，政府应创造良好的引资环境，吸引外资进入本国创办新企业，增加投资。田素华（2004）构建了FDI与就业的几何模型，并将FDI分为流量和存量两种形式，着重分析了FDI流量的如何影响就业，认为当FDI以新增企业形式流入东道国时，会提升劳动边际价值从而创造新增就业机会；而当FDI以并购或兼并的方式流入东道国时，这种影响有两方面，如果FDI进一步扩大投资规模会增加就业，如果FDI以技术替代或资本替代劳动力则可能会减少就业。总体来看，FDI对东道国就业的影响由该国劳动力市场的完善程度决定：东道国劳动力流动程度越高，外资对就业的影响就越明显。

2.2.2　外商直接投资对就业的影响

FDI理论提出至今已经有了很大发展，而FDI与就业关系的研究也羽翼渐丰。从作用对象上分为FDI对投资母国和投资东道国的就业效应；从作用内容上包括FDI对就业的数量效应、质量效应和人力资本效应；按其作用方式可以分为直接就业效应、间接就业效应；就其作用性质包括正面的就业促进效应和负面的就业替代效应等。

有关FDI对投资母国就业的影响研究主要围绕其就业的替代效应和促进效应以及对就业规模、区位分布的影响来进行的，并形成了就业替代理论（Kravis、Lipsey，1988；Lipsey，1999）、就业补充理论（Andersen、Hainant，1998）、就业差别论（Debaere、Peter、Lee，etal，2010）等。Tain Chen和Ying-Hua Ku（2003）形成就业就业组合效果论。他们以中国台湾省为例，用联立方程实证分析了对外直接投资对台湾省内部就业可能产生的影响。认为对于台湾而言，在大部分情况下对外直接投资对于台湾就业有正面影响，但是对于不同类型的劳动力的影响是不同的，技术人员和管理人员从对外直接投资中受益，体力劳动者可能不会受益，相反利益会受损。

一些国外学者对FDI在东道国的就业效应从正负两个层面展开了研究，并形成了积极贡献论（Greenwood，2006；Williams，2003；Xiaolan、Balasubramanyam，2005）、就业差别论（Williams，2003；Ernst，2005）、就业复合作用论（Chang-Tai Hsieh，2006；Santos-Paulino、Wang，2009）等。部分学者对FDI的就业结构效应和质量效应进行研究，认为：FDI就可以增加东道国的就业量并影响就业结构（UNCTAD，1994），FDI与就业结构有显著相关性（Tomasz，2000）。陈和张（Chan and Zhang，1999）的研究表明：外商直接投资对沿海地区就业的正效应较大，而对内陆地区的就业效应不明显。格拉汉姆与和田（Graham and Wada，2001）以FDI的来源以及在中国投入时分布的地区为分析的切入点，指出了在20世纪90年代后期FDI主要来源于欧洲、北美和日本，投资更加集中在市场、资金更加集聚在沿海省市，这使得劳动力的数量和质量上的地区分布不平衡加剧，对中国整个劳动力市场的健康发展有一定的局限作用。FDI对发展中国家劳动力素质的提升，主要通过FDI对人均工资的影响，如芬斯特拉和汉森（Feenstra and

Hanson，1997）对墨西哥的研究，利普西和肖霍姆（Lipsey and Sjobolm，2001）对印度尼西亚的研究，Wu（2000）对中国的研究，都表明FDI扩大了东道国的熟练劳动力需求，提高了东道国的平均工资水平。

为比较内资与外资对就业的影响，阿戈辛和迈尔（Agosin and Mayer，2000）采用了1970—1996年间39个发展中国家的面板数据，建立回归方程。结果表明，外商直接投资的挤入或挤出效应在亚洲、拉丁美洲和非洲国家有不同的表现。其中，在拉丁美洲国家有明显的挤出效应，在亚洲国家有明显的挤入效应，在非洲国家有挤入效应但不太明显。他们同时认为，与亚洲国家相比，在拉丁美洲国家产生挤出效应的原因之一在于其总投资水平较弱，以及拉美国家对外商直接投资的引入没有太大的选择性。缪和汤米克（Miun and Tomik，2002）把对捷克的考察期间扩大到1990—2000年。结果表明，外商直接投资的挤入效应并不明显，甚至可能产生挤出效应。

国内学者主要在FDI的就业效应和就业结构效应等方面做了一些有益的探索。其对FDI的就业效应研究主要从就业的正负效应、数量和质量效应、直接和间接效应角度开展，主要观点有：FDI的进入为中国劳动者提供了更多的就业岗位，使得中国就业总量增加。从这个层面来说，FDI对就业产生了正效应（牛勇平，2001；蔡昉、王德文，2004），长期而言，FDI与中国就业之间存在均衡关系（沙文兵，2007）。王剑（2005）基于实证分析表明外商直接投资一方面通过直接效应带动中国就业，另一方面通过国内投资和提高生产率水平产生了减少就业的间接效应，但总效应是积极的；黄旭平、张明之（2007）运用面板VAR方法研究FDI对就业的动态影响，发现FDI对就业有正向影响，但其冲击反应总体上是负向的，尽管程度非常有限。毛日昇（2009）利用中国制造业面板数据分析得出，FDI显著促进了制造业就业增长；刘志中（2011）通过实证分析指出中国服务业FDI能够改善就业。

国内学者对FDI就业结构效应的研究主要从区域结构和产业结构角度开展。蔡昉、王德文（2004）从人力资本的分析框架的分析表明：FDI对增加就业、促进劳动力市场发育以及人力资本积累具有积极作用；FDI主要集中于东部沿海经济发达地区和制造业，这种结果实际上与刚性的工资制度、劳动力市场发育状况、产业的开放程度密不可分。朱金生（2005）认为区域就业差异是解释中国转型时期外资与区域就业结构关系的一个新的分析框架。他指出，随着 FDI 的大量进入，中国的劳动就业在总量增长缓慢的情况下呈现出明显的区域分布不均和替代特征。这种区域就业差异与 FDI 的区域偏向和选择有很大的关联性，其作用机理在于 FDI 的直接效应和间接效应带来了区域间就业机会特别是非农就业机会的转移。张二震、任志成（2006）分析了 FDI 与中国就业结构演进的关系，认为 FDI 促进中国就业结构演进主要有两个途径：一是推进农业劳动力向非农产业的转移；二是促进劳动力素质结构升级。郑月明、董登新（2008）认为：随着 FDI 流入在不同区域上的倾斜，其对就业产生的区域差异性影响越来越显著。对东部地区而言，FDI 对就业有显著的负效应，而对中、西部地区就业的效果不明显。蔡兴等（2009）通过实证研究，得出外商直接投资对国内就业弹性呈现出从东部往西部递增的结论。温怀德（2010）通过比较中国加入 WTO 前后的数据，得出 FDI 促进了就业的增加，但拉动作用在减弱，加入 WTO 后，东部地区 FDI 对就业的拉动作用不再显著，而中、西部 FDI 显著促进就业的结论。

2.2.3　FDI 流入与地区就业差距

上述研究表明，中国 FDI 的区域分布差异已成为学者们关注的话题，各地区由于其独有的外部环境和内部条件因素，吸引的 FDI 的规模不同，那么，FDI 的地区差异是否会导致地区的经济发展、收入水平和就业的差异？差异程度又如何？相关研究据此展开。

布兰施泰特和芬斯特拉（Branstetter and Feenstra，1999）通过调查分析发现：在东部沿海地区，FDI 与经济增长存在显著的正相关关系，也就是说，FDI 对东部地区的经济增长有积极的拉动作用；但是西部地区 FDI 与其经济增长的关系并不显著，他们认为中国东、西部地区经济发展水平的差异主要是 FDI 分布差异造成的。

魏后凯（2002）利用中国1985—1999年省际数据构成的聚合数据，实证检验了FDI与中国区域经济增长的影响，得出FDI对东部地区GDP的增长具有显著的积极作用，而对西部地区经济增长的作用不具有显著性的结论。同时他计算了FDI差异对两地区经济发展差异的贡献，认为在研究时段内，约90%的东西部地区间经济增长率的差异是由FDI差异引起的。

王成歧等（2002）提出，外商直接投资与地区经济发展程度的关系密切，外商直接投资在经济发达的地区对经济增长的贡献显著，而在不发达的地区对经济增长的贡献不明显。在中国具体表现为外商直接投资对东部地区经济增长作用明显，而对西部地区的经济增长效应不显著，这与魏后凯的结论一致。

马岩（2006）构建了一个类似魏后凯对FDI差异分析的模型，选取中国省际的面板数据和时序数据进行实证分析，结果证实了FDI对中国经济有着积极的促进作用，但同时这种正效应正在逐渐缩小，并且FDI在区域间分布的不平衡加剧了地区间发展的不平衡。

朱金生（2005）通过泰尔指数分解发现，区域间FDI差异与区域间的就业差异有密切的联系，并运用回归分析证实了这种联系的存在，即在相当程度上，区域间FDI的差异导致了区域间就业的差异，外商直接投资对就业的区域差异效应十分显著，但由于中国引资结构的优化和西部大开发政策，这种效应会随时间的流逝而减弱，

2.3　外商直接投资对收入差距的影响

库兹涅茨1955年提出了收入分配差距的"倒U形假说"，并以此来解释发展中国家收入差距扩大的问题，自此大量围绕收入差距的研究据此展开。导致收入分配差距的因素众多，针对本书研究的需要，本节着重考察FDI对东道国收入差距影响的相关研究，因为根据前人的研究，这种收入分配的失衡是导致就业转移的重要因素。

2.3.1　国外的相关研究

芬斯特拉和汉森（Feenstra and Hanson）在 1997 年提出了著名的"外部采购理论"，他们认为，跨国公司会对东道国尤其是发展中国家的劳动力市场产生很大影响，会导致当地熟练劳动力需求量增长，从而提高熟练劳动力的工资收入，加大熟练与非熟练劳动力之间的收入差距。他们利用墨西哥这个外资集中的地区的数据进行实证检验，结果表明，墨西哥 50% 的熟练劳动者的工资增长归因于外商直接投资的增加，外商直接投资加大了墨西哥劳动力的收入差距。

较多的学者支持外商直接投资会扩大东道国的收入差距。詹金斯（Jenkins, 1996）认为，跨国公司在东道国较多的投资于资本、技术密集型产业，这使东道国非技术工人的失业率上升，管理者和技术人员的工资收入会明显提高，从而拉大该国居民的收入差距。

针对发展中国家 FDI 与收入差距之间的关系，费里西诺和利普西（Felieiano and Lipsey, 1999）利用墨西哥和委内瑞拉两个国家的相关数据进行实证研究得出：外资企业提供的工资水平比当地企业提供的工资水平高，进而会提高这些国家的工资基尼系数。菲尼（Fini, 1999）、泰勒和德里菲尔德（Taylor and Driffield, 2005）对印度尼西亚等国的外资企业与内资企业的工资水平的比较研究也得出了类似的结论。DirkWinem 和 TeVelde（2003）对拉丁美洲发展中国家的研究发现，外商直接投资使接受过一定教育或培训的劳动者获得更高的收入，FDI 加大了这些国家的居民收入差距。

2.3.2　国内的相关研究

在经济全球化的国际环境下，FDI 是中国经济发展中的一个重要角色，它的进入不仅增加了国民生产中的资本供给，而且还对中国的经济结构、制度变迁、产业布局等各方面带来了深刻的影响。因此，FDI 变量必然是影响中国收入差距的重要因素。赵晓霞（2009）归纳出 FDI 影响收入变化的四大途径，包括要素价格机制、需求偏好机制、技术进步机制和劳动市场弹性机制。何枫和徐桂林（2009）基于面板数据的固定效应模型估计结果表明，外商直接投资与城乡居民收入差距之间存在显著的倒 U 形关系，中国现阶段正位于该曲线的左半部区间。

关于 FDI 的收入分配效应的正负，国内学者由于采用研究的方法和选取的数据不同而尚未达成共识。一部分研究认为 FDI 加大了国民收入差距，FDI 的收入分配效应为正（张帆、郑京平，1999；范言慧、段军山，2003；林宏，2005）。一部分研究认为 FDI 缩小了国民收入差距，FDI 的收入分配效应为负（张广胜、周娟，2009）。还有一部分学者基于不同的角度研究 FDI 的收入分配效应，代表性的有：杨泽文和杨全发（2004）利用 1985—2001 年的部门数据，对中国实际工资水平的影响进行了经验分析，发现 FDI 对东道国实际工资水平有正效应这一普遍认同的结论在中国只有在 1997 年以后才适用，1997 年之前这一影响是负面的。方芳（2007）使用 1999—2004 年中国 29 个省、直辖市、自治区的年度数据，通过面板数据模型方法研究 FDI 对收入差距的影响，并认为一方面，由于 FDI 的区位性选择，其分布结构严重不平衡及其对经济发展的诸多不利因素导致各地之间收入差距扩大；另一方面，由于 FDI 促进经济增长，带来了 FDI 所投资的企业乃至行业人才收入的增加，在现阶段导致了收入差距的扩大，但根据倒 U 形假说最终会推动更加均衡的收入分配缩小收入差距。

2.4　收入差距与就业转移

随着 FDI 流入在不同区域和产业上的倾斜，中国收入差距呈扩大趋势，收入因素对就业产生的影响越来越显著，最明显的一个现象就是就业转移。国内外学者关于就业转移的研究主要是围绕劳动力流动进行，对收入差距与劳动力流动关系的研究以发展经济学的理论为代表，主要研究有：刘易斯（1954）提出了二元经济理论，他认为劳动者从农村迁入城市的原因是城乡收入差距，只要城市的工资水平高于农业部门，农民就愿意流动到城市谋求新的职业；费景汉-拉尼斯（1961）完善了农业剩余劳动力转移的二元经济发展理论，认为工业化发展到高级阶段后，劳动力由潜在过剩变为稀缺，劳动者收入的绝对与相对份额都趋于上升。工业化过程中城乡收入、福利差距趋于扩大，使农业劳动力流向工业部门就业。托达罗和哈里斯（1970）的预期收入模型表明：一个典型的非熟练农业劳动者从劳动生产率较低的农村进入城镇正规的高收入部门要经过两个阶段，首先进入城镇传统或非正规部门（traditional or informal sector）工作过渡，然后才可能在正规部门（formal sector）找到工作，只要城镇里还存在较高预期收入，农业人口向城市迁移的过程就不会停止。Alfredo Behrens（1984）在研究巴西的收入再分配对产出和能量的影响时发现更公平的收入分配能增加产出，提高就业产出率和能量产出率，从而对劳动力流动产生影响。

在国外劳动力流动理论的基础上，国内学者针对中国的特殊的经济和社会结构，研究中国的收入分配与就业转移问题。关于收入差距影响劳动力流动的方式，林毅夫、刘培林（2003）对中国1985—1990年与1995—2000年两个阶段的跨省迁移与地区收入差距进行实证分析，结果表明：第一个时间段（1985—1990年）迁移对收入差距的弹性是0.197，劳动力流动对收入差距反应不敏感，但是在第二个时间段（1995—2000年），迁移对地区收入差距的反应显著提高，弹性系数上升到0.595。蔡昉、王德文（2003）根据中国的实际情况，研究得出改革开放以来，城乡和地区收入差距的扩大为农村劳动力转移提供了动力。也有学者认为城乡收入差距的扩大阻碍农村剩余劳动力的转移。杭雷鸣（2005）认为劳动力市场制度性壁垒（户籍制度）与市场性壁垒（收入因素等）是阻碍农村剩余劳动力转移的两种表现形式。

关于收入因素在劳动力流动中的作用，统计科学研究所（2003）认为：收入分配对劳动者的劳动积极性有直接影响，鼓励靠诚实劳动和合法经营取得收入，合理、合法且适度地拉开收入差距有利于调动人民群众的生产积极性，有利于提高就业质量。都阳、高文书（2005）研究得出农业劳动力向非农部门的转移速度和数量，受到农业部门和非农部门的相对收入关系的影响。肖机灵（2005）研究得出过大的收入差距显然对促进就业有不利的影响，收入差距扩大化不仅通过影响消费从而制约就业，而且也不利于经济增长。罗楚亮（2008）通过实证分析，发现收入分配与就业问题密切相关，不合理的收入分配政策会加剧失业。

2.5　小结与评述

综上所述，刘易斯提出的二元经济理论是研究劳动力流动问题的奠基性研究，费景汉和拉尼斯对二元经济理论进行修订和完善，托达罗模型为劳动力流动问题的研究做出巨大贡献，新劳动力流动理论和微观主体决策研究为劳动力流动做出补充性研究，前人的研究为本书的提供了理论基础和多元化研究的视角。一国的经济发展离不开资本和劳动两种要素，作为资本的一种外商直接投资会对就业产生影响是地区发展差异和就业差异的原因之一，正是这种差异导致了劳动力的流转。纵观国内外针对外商直接投资、收入差距与就业转移的研究文献，发现三者之间存在相互作用的机制。学者们普遍认同就业转移的最大动机就是追求个体利益的最大化。外商直接投资流入东道国会带来该国区域和产业收入分配的不平衡，这种收入差距导致了劳动力在区域间和产业间的流转。

在现实世界中，尽管外资在全社会中所占的份额较小，但是它在决定全社会资本的区际流动方向方面起着特殊的意义。这是因为，外资的流动总是与先进的技术和管理经验紧密联系在一起的，并且外资的流入往往可以带来国内资本的注入。中国自改革开放以来，外部注入资金的倾斜与内部投资主体的日益多元化以及劳动力跨区的空前大流动，导致要素投入的倾斜，各地区经济发展出现了明显的不平衡，这使得新中国成立以来长期形成的东西部经济关系发生了较大变化，区域经济发展差异日益扩大，这些问题已经引起了决策部门和全社会的广泛关注。中国作为经济转型期的发展中国家，资本市场和劳动力市场都具有特殊性，中国学者对此做出了大量深入的研究，从中国劳动力流转的因素，外商直接投资与收入差距及收入差距与就业转移等几个方面进行深入分析，相关研究成果是非常重要而且富有成效的。

　　尽管如此，作为FDI理论的延伸和拓展，FDI、收入分配与就业的关系的探究始于发达国家，研究成果集中于全球化迅猛推进下跨国公司快速海外扩展期。西方学者较多关注FDI的母国就业影响，而中国主要侧重FDI对我国的就业福利得失。研究方法从理论归纳和演绎为主发展到实证分析见长。从已有的相关研究进展来看，仍存在以下几方面的不足：① 较多的从理论和实证方面分析FDI对就业的数量效应、质量效应和人力资本效应，对FDI的就业结构效应研究不够深入，忽视从动态视角考察FDI在不同区域、产业间流动所引致的就业转移及其结构变迁；② 目前仅局限于FDI、就业转移和收入分配两两之间的研究，未能对FDI、就业转移和收入分配三者组成的复杂系统进行分析，缺乏从理论上深刻揭示FDI的就业转移效应产生的根源，未能对FDI、就业转移和收入分配的传导机理进行系统分析；③ 缺乏从就业和谐视角看待FDI流入所引起的劳动就业转移和经济社会等结构失衡问题，利用FDI促进就业公平的政策研究亟待完善。本书正是以此为切入点，试图在上述方面做出新的尝试和突破。研究成果对中国引资、劳动就业和结构调整等宏观政策的制订有直接的参考作用，同时还将极大地丰富相关研究领域的理论内涵。

第3章 FDI流动、收入差距与
就业转移的相关理论

改革开放以来，特别是20世纪90年代后，世界GDP增长经历了1970年之后最强劲的一个增长期，FDI大量流入中国东部沿海制造业，对我国的剩余劳动力转移、就业增长和二元结构转换发挥了积极的推动作用（江小涓，2003；任志成，2008）。然而，在很大程度上由FDI引致的区域和产业间的就业转移和就业替代（杨云彦等，2003），也带来了一些新的不平衡问题：我国设立的外商投资企业80%以上集中在东部沿海地区，使得企业的劳动就业也都集中在沿海地区，一方面沿海地区的劳动力相对不足，另一方面内陆地区的劳动力又严重过剩，从而加剧了年复一年的民工潮等社会问题；中西部农村劳动力特别是素质较高的劳动力的大量外流产生的在我国具有重要地位的中西部农业发展阻滞；由于沿海地区对内地的产业替代，内地企业特别是中小企业的发展遇到严峻挑战，内地农村非农就业机会减少，农村劳动力大量外流，造成内地城市劳动力市场就业供给增加，就业矛盾加剧。包括劳动力在内的大量的生产要素往东部沿海"聚集""流动"和"转移"，一方面造成中西部经济的"外围化"、内地发展的"边缘化"，另一方面将给聚集地区带来新的不可避免的"城市病"问题。FDI大量流入第二产业，不利于第一产业的稳定和第三产业的发展，影响我国产业结构的优化和升级等。本章总结梳理了FDI、收入差距与就业的相关理论，分析了中国劳动力市场的特点和就业转移对社会和经济的积极影响和消极影响，阐述了就业转移的动因与内部和外部影响因素。

3.1 相关理论研究

3.1.1 FDI理论

在国际投资学的形成和发展过程中，国际间接投资理论形成的时间较早，国际直接投资（FDI）理论形成的时间较晚，这与国际投资发展的历史进程是一致的。但是，由于国际直接投资所涉及的问题比国际间接投资要复杂得多，并且已成为第二次世界大战后许多国家参与国际经济的首选方式，因此经济学界着重对国际直接投资进行了研究，国际投资理论也主要是指国际直接投资理论（吴文武，2000）。

国际直接投资（FDI）理论着重研究跨国企业对外直接投资的决定因素、发展条件及其行为方式等。目前西方学者在这方面的研究暂时走在前面，国内才刚刚起步。FDI理论大体可分为宏观理论和微观理论两类。宏观理论主要考察一国国际投资地位与该国宏观特征和经济发展水平的关系，考察国际资本流动对国别经济和国际经济的宏观影响；微观理论主要考察企业的对外直接投资行为。然而，现有的FDI理论还很不完善，一个综合性的理论框架尚未形成。FDI理论的发展远远没有满足实践的要求，距成熟的理论体系尚存在相当长的距离。当前的FDI理论在特定范围、特定时期、一定程度上能够说明某些国家的外商投资行为，但普遍适用于世界范围、合理解释和预测所有国家的外商投资行为的理论尚未形成。即便如此，在研究中国外商投资问题时，西方理论的分析框架或许不是最适宜的，但起码是可以借鉴和在一定程度上使用的。事实上，这些分析框架即使在分析西方发达国家之间的跨国投资时，也并不见得十分贴切，理论本身也仍然在发展与变化过程中，适宜总是相对的。因此，借鉴西方跨国投资理论研究中国问题，对于理解跨国公司在华投资行为和提高中国理论研究的学术水平具有重要意义（魏后凯等，2001）。下面仅简要介绍FDI理论中较有代表性的理论。

（1）海默（Stephen H.Hymer）的垄断优势理论：垄断优势理论是西方最早系统研究对外投资的独立理论。1960年，海默的博士论文《民族企业的国际经营：FDI研究》在理论上开创了以FDI为研究对象的崭新的研究领域。他第一个论证了FDI不同于一般意义上的对外金融资产投资（间接投资），其论文标志着FDI理论的诞生。该理论认为，对外直接投资是市场不完全和寡头垄断的产物，是拥有某些垄断优势的大企业为追求控制不完全市场而采取的一种行为方式。在完全竞争中，所有企业都能生产同一产品并能同样容易地获得生产要素，但现实中绝大多数市场是不完全的。海默认为，正是这种市场不完全造成的垄断优势，构成国际企业对外直接投资的决定因素。如果产品和生产要素市场运行完全有效，对外直接投资就不会发生。对外直接投资的实质乃是培植、拓展和充分利用跨国公司总部所享有的特定垄断优势（specific advantages），以谋取高额利润。

（2）弗农（Raymond Vernon）的国际产品生命周期理论：美国哈佛大学商学院教授弗农于1966年发表《产品周期中的国际投资和国际贸易》一文，提出了国际产品生命周期理论。弗农认为，垄断优势理论并没有彻底说明跨国公司需要通过FDI，而不是通过产品出口和技术转让来获取利润的根本原因。他指出，国际产品的生命周期的发展规律决定了企业为占领国外市场而进行对外投资。由于世界各国在科技进步及经济发展水平等方面存在差别，使得同一产品在各国开发生产、销售和消费上存在时间差异，这种时间差异就是国际产品生命周期。根据国际产品生命周期理论，企业从事对外直接投资是遵循国际产品生命周期即产生、成熟、下降的一个必然步骤。

（3）邓宁（John H.Dunning）的国际生产折衷理论：针对以往FDI理论中存在的某些局限性，英国经济学家邓宁于1977年在一篇题为《贸易、经济活动的区位与多国企业：折衷方法探索》的论文中提出了国际生产折衷理论（OLI Model）。折衷理论认为，一个企业从事对外直接投资必须具备三个方面的优势即所有权特定优势（ownership-specific advantage）、区位特定优势（location-specific advantage）和内部化特定优势（internalization-specific advantage）。企业缺乏任何一个优势，都不可能或不应该从事直接的海外生产活动。

（4）小岛清（Kiyoshikojima）的"比较优势论":小岛清是日本一桥大学教授，于1978年在其代表作《对外直接投资》一书中阐明了他的"比较优势论"。它是在分析和总结"垄断优势论"的基础上，结合日本的具体情况，坚持从宏观经济出发，提出了以比较利益为中心的FDI理论。这个理论突出了以下三点创新（任承彝，1998）:摒弃了"市场不完全竞争"的论点，提出了从日本宏观经济利益出发的发展对外直接投资的论点。要求从本国具体情况出发，强调对资本输出国和资本输入国的比较成本（利益），必须给予同等的重视，并据以制定对外直接投资的策略，从而使东道国乐于接受日本的投资；摒弃了"垄断优势"的论点，提出了维护比较优势的论点；摒弃了"贸易替代型"的论点，提出了与贸易导向并行不悖的FDI理论。

（5）发展中国家FDI理论:上述理论属于传统的FDI理论，主要是以发达国家的跨国公司的对外投资为研究对象。20世纪70年代以后出现了一些解释发展中国家对外投资动因的新理论。美国经济学家刘易斯·威尔斯（Louis J.Wells）于1977年在题为《发展中国家企业的国际化》一文中提出"小规模技术理论"。1983年威尔士在其专著《第三世界跨国公司》中，对小规模技术理论进行了更详细的论述。威尔士认为，发展中国家跨国公司的竞争优势主要表现在三方面:第一，拥有为小市场需要服务的劳动密集型小规模生产技术；第二，在国外生产民族产品；第三，产品低价营销战略。该理论对于分析指导发展中国家的跨国公司在国际化的进程中怎样争得一席之地是具有启发意义的。英国学者拉奥（Sanjaya Lall）于1983年提出了技术地方化理论来解释发展中国家跨国公司竞争优势的来源。技术地方化理论认为，发展中国家跨国公司的技术特征虽表现为规模小、使用标准技术和劳动密集型技术，但这种技术的形成却包含着企业内在的创新活动，发展中国家对发达国家的技术引进并不是被动的模仿和复制，而是进行了改造、消化和创新，正是这种创新活动给引进的技术赋予了新的活力，给引进技术的企业带来新的竞争优势，从而使发展中国家的企业在当地市场和邻国市场具有竞争优势。

（6）竞争优势理论:哈佛大学教授迈克尔·波特（Michael E.Porter）于1990年提出了竞争优势理论，对国际直接投资理论研究产生了重大的影响。竞争优势理论研究的核心问题是国际竞争环境与跨国公司竞争战略和组织结构之间的动态调整及相互适应的过程。波特认为，跨国公司的各种职能可以用价值链的构成来描述，价值链是跨国企业组织和管理其国际一体化生产过程中价值增值行为的方法。跨国公司在国际竞争中确定并开拓构成价值链的各种活动和联系的能力是企业竞争优势的重要来源，而跨国公司进行的对外投资战略，无非是对不同活动的国际区位和对企业所控制的各类实体的一体化程度作出的选择。波特的理论是国际直接投资理论的最新发展，其中的菱形动态模式指出了跨国公司对外投资应该采取"先内后外"的顺序，具有理论创新的意义。另外，该理论关于激烈的国内竞争导致对外投资的发生，在激烈的竞争中获得的竞争优势是对外投资成功的关键的论断无疑也是正确的。但竞争优势理论仅仅是波特针对日本企业的情况提出来的，对其他国家的适用性还有待检验。

（7）FDI理论简评：综观FDI理论的发展历程，早期的经典FDI理论主要是西方学者从发达国家的跨国公司角度探讨了企业组织跨境成长的经济合理性FDI的动因、决定因素和条件，后来随着一些发展中国家经济的快速发展和对外投资规模的扩大，出现了解释发展中国家对外直接投资的理论。但是，由于FDI的投资来源国不同，跨国公司的自身条件各异，进入的产业、区域、方式、动机及外溢效应发挥的差别较大,加之各国的经济发展规律及宏观经济政策有其特殊性,因而这些FDI理论的普适性和应用性还需要经过实践的进一步检验。特别是在经济全球化快速推进、世界经济周期剧烈波动给跨国公司的投资战略及行为带来越来越大影响的今天，如何将FDI行为与经济周期波动联系起来，如何利用理论与实证相结合的方法进一步研究FDI的经济效应及国民福利后果将是未来FDI理论的重要发展方向。

3.1.2　就业理论

就业问题从表面上看是一个经济问题，但从深层探究它也是一个社会问题、政治问题，因此始终是当今世界各国社会经济发展的重大问题。从系统的理论研究角度来说，如果从19世纪初期法国经济学家让–巴蒂斯特·萨伊在其1803年出版的《政治经济学概论》中提出的所谓"萨伊定律"算起，就业理论已有200余年的历史了。就业作为一个重大的理论问题受到西方经济学界的重视，应是从20世纪30年代经济危机时期开始的。此后，就业问题一直困扰着世界绝大多数国家。在经济全球化迅猛发展的今天，劳动就业日益成为经济社会发展中的突出问题。回顾和总结就业理论，对于进一步提高对就业问题的认识，明确本课题研究的价值有特别重要的意义。

就业理论简单分类来看，可划分为西方经济学的就业理论、发展经济学的劳动力转移理论、马克思主义的就业理论等。这里主要概述前两种就业理论。

3.1.2.1　西方经济学的就业理论

（1）古典学派的自愿失业理论：1803年，法国经济学家萨伊在其《政治经济学概论》一书中提出"供给会自己给自己创造需求"，即"萨伊定律"，它是西方传统就业理论的基石。萨伊认为，在资本主义自由竞争制度下，如果工资不是刚性的而是具有弹性的，则根本不会发生真正的失业；只要人们愿意按照现行工资水平受雇于资本家，就都会有工作。充分就业被说成是社会经济活动中的自然的倾向。庇古对就业问题的看法是从萨伊定律出发的。他认为，只要存在完全竞争制度下的劳动力市场，那么，工资就可以随着劳动市场供求的变化而变化，就业量也将随之而自行调整；只要工人愿意接受现行工资水平，就都能就业。

（2）凯恩斯主义的非自愿失业理论：1929—1933年的经济大危机给人们带来了巨大的灾难，英国失业人数一度高达3500万人以上。传统的西方经济学就业理论不攻自破。在此背景下，凯恩斯在其1936年出版的《就业、利息和货币通论》中，提出了一种与传统的西方经济学就业理论不同的就业理论。他认为，资本主义社会有"非自愿失业"，但失业并不是资本主义制度的必然产物，而是"有效需求"不足的结果，只要采用国家干预经济的政策，增加"有效需求"，就可以实现充分就业。凯恩斯就业理论一出现，就引起了整个西方经济界的轰动，被称为"凯恩斯革命"。此后，西方一些主要国家的政府均接受凯恩斯理论，宣告以实现"充分就业"作为制定经济政策的目标。凯恩斯认为，只要消除了"非自愿失业"，就意味着充分就业。"非自愿失业"是指工人愿意按照现行货币工资水平受雇于资本家，却仍然找不到工作的一种情况。

（3）新古典综合派的就业理论：按照凯恩斯的就业理论，在失业和通货膨胀之间存在一条分界线，即只有超过了充分就业的总需求才会有通货膨胀。他没能解释失业与通货膨胀并存的现象。即凯恩斯理论只能说明需求过度引起的通货膨胀，而不能解释成本增长推动的通货膨胀。1958年菲利普斯在《英国的失业和货币工资变动率之间的关系，1862—1957》一文中，绘出一条表示失业率与货币工资变动率之间关系的曲线，这条曲线被萨缪尔森和索罗称为"菲利普斯曲线"。该曲线表明：失业减少，工资增长就快；失业增加，工资增长就慢。由于失业率与工资增长率之间的关系可以表述为失业率与物价上涨率（通货膨胀率）之间的关系。所以菲利普斯曲线可表明失业与通货膨胀之间的关系。菲利普斯曲线的出现，为西方国家政府制定宏观经济政策提供了一个依据。即当政府认为通货膨胀已经成为经济不稳定的主要因素时，可以用提高失业率的办法来降低通货膨胀率；当政府认为失业率已经成为经济不稳定的主要因素时，可以用提高通货膨胀率的办法来降低失业率，使失业率和通货膨胀率都控制在社会可以接受的范围之内。

（4）现代古典学派的就业理论：从20世纪60年代初开始，凯恩斯主义的就业理论又受到一些经济学家的怀疑，以弗里德曼为代表的货币主义学派就是反对凯恩斯就业理论的先锋。1968年，弗里德曼提出"自然失业率"假说。他认为，自然失业率是"在任何时候，都存在与实际工资率结构相适应的某种均衡失业水平"。由此出发，弗里德曼强调政府不必干预，听任市场的自发调节，让失业人口自行消长。他认为，"如果依靠'单一规划'使资本主义经济保持稳定，那么整个经济也就会正常地运行，就业问题将在这个正常的经济环境中逐步得到解决，最终使高于或低于'自然失业率'的市场失业率接近于'自然失业率'水平，也就是接近均衡的失业率水平。"

与货币主义相类似，反对凯恩斯就业理论的还有20世纪70年代兴起的供给学派和理性预期学派。供给学派批评凯恩斯学派片面注重需求而忽视供给，认为美国经济的主要问题在于供给，所以他们重新搬出"萨伊定律"，认为只要市场机制发挥作用，就业问题可以自行解决，国家没有必要干预经济，刺激需求。理性预期学派认为，人们的理性预期会抵消政府干预经济的政策的作用，使之化为乌有。经济的运行有它自身的规律性，它主要受人们的心理活动的支配，不受外界力量的支配，因而提出：政府不应当违背常规行事，一切应当顺乎经济的自然。政府越是背离常规行事，它在公众心目中的信誉就越差，公众越要设法对政府可能采取的政策进行估计和采取预防性的对策，即任何形式的国家干预经济的措施归根到底是徒劳无益的。

由此可见，货币主义、供给学派和理性预期学派的就业理论从某种意义上说都是古典就业理论的复归，他们再次强调自由放任、反对国家干预。

3.1.2.2　发展经济学的就业理论

第二次世界大战结束以后，许多殖民地国家纷纷独立，世界经济与政治格局发生了根本性的变化。为了维持世界资本主义经济的发展，也作为对世界经济格局变化的一种反应，经济学家们开始关注第三世界国家的经济发展和就业问题。其中，刘易斯·费·拉尼斯的二元经济发展模型和托达罗的劳动力转移模式在理论界产生了重大的影响。

威廉·阿塞·刘易斯于1954年发表了《劳动力无限供给下的经济发展》一文，最早系统提出了经济发展中劳动力由农村向城市流动的转移模式，受到经济学界的高度重视。刘易斯把发展中国家的经济分为传统的

"维持生计部门"和"现代资本主义部门"两个部分，并由此称之为二元经济。刘易斯认为随着这些国家经济的发展，传统部门的劳动力将不断地被吸收到现代部门，现代部门的发展过程中，能以几乎保持不变的低水平工资不断从传统部门获得充裕而又廉价的劳动力。

1961年，费景汉和古斯塔夫·拉尼斯合作写成了《劳力剩余经济的发展》一书，对刘易斯的二元经济模式给予了补充和发展。在他们的模型中对农业也给予了必要的重视，他们把二元经济的发展分为三个阶段：第一，农业中存在大量过剩劳动力，劳动的边际生产力接近于零，工业部门能得到无限的劳动供给；第二，工业吸收劳动力达到一定数量以后，农产品开始出现短缺，工业贸易条件恶化，工资开始较快地上升，工业吸收劳动力的进程变缓；第三，农业劳动生产力明显提高，市场化进程加快。等到城乡工农业市场趋向统一，劳动力流动及其工资率趋于均衡时，二元经济将不再存在。费·拉尼斯同样认为，要使发展中国家实现工业化，增加工业部门中的劳动力就业，必须使工业部门获得更多的利润。一方面使工业部门愿意增加劳动力的雇佣；另一方面使工业部门有足够的利润被用于再投资，以便吸纳更多的劳动力。

刘易斯·费·拉尼斯的二元经济发展模型以城市中不存在失业为前提，注重发展城市经济，忽视农村的发展及城乡结构的平衡与协调，因此存在较大的局限性。针对这一弱点，迈克尔·皮·托达罗对发展中国家的经济发展与就业问题进行了独到的研究，提出了他自己的劳动力转移和就业理论。他认为大量劳动力向城市流动在发展中国家是经常发生的，关于这一劳动力转移的动因问题，他引进了两个主要变量，概括地说，由乡村迁往城市的决定与两个主要变量有关：① 城乡实际收入的差异；② 获得城市工作的可能性。后一个变量在分析中起关键作用。与刘易斯·费·拉尼斯的模型不同，托达罗强调收入预期因素在劳动力迁移中的作用，迁移者要考虑预期的收入差异与迁移代价的比较，不仅限于现实的收入差异。他认为发展中国家城市失业和农村劳动力过剩是一个长期性的问题。

3.1.2.3　就业理论的新发展——就业观点重心从宏观到微观的深入

随着经济学家对就业问题考察的不断深入，他们的视线也不断地从宏观层次转向微观层次，理论研究也不断地由抽象变得具体，这反映了就业理论的"重心"出现不断下移的倾向。在古典经济学方面，就业理论主要存在于他们抽象的理论假设之中：只要市场正常运转，就能实现充分就业。20世纪30年代世界经济危机以后，经济学家们开始真正重视就业问题。凯恩斯正是看到市场解决就业问题中出现失灵的事实，发现有效需求不足的市场"惯性"，进而从宏观上提出刺激需求、促进就业的经济学说和政策主张。然而凯恩斯的就业理论只是一个总量理论，很难适用于深入的具体操作。20世纪60年代西方失业问题又显突出，并日益与通货膨胀交织在一起，于是引导出劳工市场的结构分析。托宾的劳工市场技术结构分析、希克斯的劳工市场部门结构分析等都可谓是凯恩斯以后就业理论从总量向结构的深化。

20世纪60年代以后，就业理论的另一个演变就是向以劳动力供给为重点的微观层次发展。贝克尔通过家庭产出（home-production）法来分析家庭的行为模型，把家庭的许多活动看作"家庭生产"，例如，做饭、购物、洗衣服等都被看作给家庭带来效用的生产活动，这些家庭效用可以通过对"生产时间"与"购买物品和劳务"进行不同的组合而获得。这样具有不同规模、不同收入及不同劳动优势与偏好的家庭会在就业、家庭生产以及休闲之间进行不同的选择，决定或影响着劳动力供给。

在劳动力供给的理论方面更为值得一提的是人力资本理论。20世纪60年代，美国著名经济学家西奥多·舒尔茨从长期的农业问题研究中发现，促使美国农业产量迅速增加和农业劳动生产力提高的重要原因是人的能力和技术水平的提高，它对经济增长的贡献远比物质资本和劳动力数量的增加更为重要。基于这一思想，舒尔茨提出了人力资本的概念（manpower capital），它是体现在劳动者身上以劳动力数量和质量表示的非物质资本。人力资本概念提出以后就在劳动就业理论中得到广泛的运用，人们开始运用它来分析劳动者技能差异的原因、个人收入差异的原因、教育与培训的投资行为及劳动力流动等问题。它在更大程度上动摇了以往建立在劳动力匀质性前提下的劳动就业理论，更有效地促进了就业理论向纵深发展。

在最近20多年的时间里，就业理论又在许多方面取得了更新的进展，主要包括工作寻访理论、隐性合约理论、内部人-外部人理论和利润分享制理论等，由于篇幅关系，在此不再赘述。

3.1.2.4 就业理论简评

就业理论的所有这些演变过程以及诸多新理论的出现，都反映出一个明显的特征，就是就业理论的重心正日益地从宏观向微观下移，并且越来越侧重于劳动力的供给方面。

纵观每一个就业理论的产生，无不与当时特定的政治、经济环境相适应。就业理论的演变正是为了适应社会发展的现实需要。可见，就业理论的更迭并不能说明哪一个就业理论更为成熟。因为就业问题从来没有令人满意地解决，而且这些就业理论本身也存在缺陷。

另外，上述关于就业理论的研究，主要局限于从一国内部来研究就业问题，尤其是就业的数量问题，缺乏从全球化视角探讨经济周期波动下国际资本流动给各国带来的就业结构和就业转移效应，这给本研究留下了一个新的切入点。

3.1.3 劳动力流动与收入差距的关系理论

关于劳动力流动对城乡收入差距影响的问题，国外学者从不同角度出发进行了大量研究：部分学者认为，劳动力的流动将有益于城乡收入差距的缩小。Lucas和Stark（1985）认为，流动劳动力的利他性程度决定了其对家庭收入分配的影响。如果流动者流动的动机是"利他"的，那么这种流动将改善家庭中低收入人口的收入分配状况；如果流动的动机是"自利"的，那么这种流动将仅仅改善流动者的福利。20世纪80至90年代，Yang（1989）通过运用超边际分析的方法，认为人们的自由择业、城乡劳动力的自由流动都是推动发展中国家经济发展、消除其城乡二元经济状况的必要条件。随着交易效率的提高，经济将逐步向完全分工的状态发展，二元经济结构最终将消失，城市和农村之间的生产力、生产结构和收入将趋于一致。Barro（1992）利用美国1800—1990年的州际数据，研究劳动力流动与经济增长和收入的关系，结果发现，劳动力流动对地区收入的收敛有促进作用。Razin、Yuen（1996）通过实证研究发现，农村劳动力流动对于收入趋同有正向作用，如果将农村劳动力流动的条件加以限制，将导致收入呈发散状况。Hare（1999）利用河南省夏邑县的农户调查数据，发现劳动力流出地会通过汇款流入和回流劳动力人力资本的增加而获益，从而为农村劳动力流动有利于城乡收入差距缩小提供了经验支持。Zhang和Whalley（2007）在对我国劳动力流动和收入平等问题的研究中，分别在劳动力存在差异、劳动力无差异、城乡房屋价格存在差异三个不同假设条件下，引入国际贸易模型，经过数据模拟分析，发现农村劳动力流动在取消户籍制度阻碍的情况下，将显著改善城乡收入差距。

同时，也有学者认为，劳动力的流动对缩小城乡收入差距的作用是负面的。Lipton（1977）认为农村劳动力向城市流动可能将对农村产生各种形式的负外在性，导致农村收入分配恶化。Adam（1989）通过模拟埃及家庭收入方程，比较存在汇款和不存在汇款条件下埃及的收入分配状况，结果发现流动劳动力的汇款使该国的收入分配恶化。De Hean（1999）认为，劳动力流动随着地区和时期的不同对收入分配的影响存在较大差异，农村劳动力流动不一定能提高农村居民的收入水平或缩小城乡收入差距。Martin和Taylor（2001）指出，随着农村劳动力的外流，大量农村劳动力自身的物质资本和人力资本也同时外流，将有可能降低流出地的劳动生产率和收入水平。Lin、Wang、Zhao（2004）考察了我国1985—1990年和1959—2000年两个时期农村劳动力流动与城乡、地区收入差距的关系。他们指出，随着农村劳动力流动规模增加，我国沿海地区和内陆地区的城乡收入差距不断拉大，并认为农村劳动力流动数量没有达到足以缩小收入差距的规模是关键因素之一，根本原因是政府对农村劳动力流动的限制政策。

国内学者关于劳动力流动与城乡收入差距关系的研究，起步相对较晚。但随着我国城市化进程的不断推进，农村劳动力流动对城乡收入差距的影响成为学界关注的焦点之一。

越来越多的学者开始致力于这方面的研究。从现有的文献看，国内大部分学者认为农村劳动力流动有助于缩小城乡收入差距。姚枝仲、周素芳（2003）认为，农村劳动力流动一方面可以改变城乡需求结构，消除要素禀赋差异；另一方面使流出地与流入地的要素收入趋同，有助于缩小城乡收入差距。他们指出，我国农村劳动力的流动没有对缩小城乡收入差距发挥作用，很大程度是由于我国劳动力流动受到较大限制。林毅夫等（2003）运用弹性分析方法对我国劳动力流动和收入差距进行研究，得出农村劳动力流动是缩小收入差距的重要机制的结论。但由于我国特殊户籍障碍的存在，目前的劳动力流动尚未达到足以缩小城乡收入差距的规模。郎永清（2007）指出，农村劳动力的流动对缩小城乡收入差距是至关重要的。同时，为实现缩小城乡收入差距的目标，在推动农村劳动力流动的同时，还要注意农村劳动力流动数量与农村人力资本流动的均衡，降低农村劳动力流动对农业生产活动和农村经济发展的消极影响。张世伟等（2007）以吉林省农户数据为样本，在农村劳动力流动收入分配效应的经验研究中发现，农村劳动力流动显著提高了农村居民的收入水平，改善了农村社会福利，在一定程度上缓解了城乡收入差距的扩大。侯风云、张凤兵（2007）指出，农村的人力资本将随着农村劳动力的流动向城市溢出，有可能影响农村经济的可持续发展。因此，在推动劳动力流动的进程中，必须加强政府对农村的教育投入，加大对农村的人力资本投资，缩小城乡人力资本投资差距，这是缩小我国城乡收入差距的有效措施。

也有少数学者持有不同的观点。李实（2003）指出，农村劳动力流动有助于缩小富裕地区和城市的内部收入差距，却扩大了贫困地区和农村的内部收入差距，农村劳动力流动对城乡收入差距缩小的作用甚微。陈静敏等（2008）认为，在我国城市化和农村劳动力流动的进程中，劳动力市场的城乡分割、各种歧视性和限制性制度、户籍障碍等都使农村流动劳动力无法在城市中享受与城市居民等同的社会保障和受教育权利，导致农村流动劳动力的实际收入长期处于较低水平，人为地扩大了城乡收入差距。姚上海（2008）认为，当前我国农村劳动力流动呈现劳务东进、资金西流、回流资金使用效益大打折扣的新特征。农村流动劳动力每年打工回流家乡的资金总额数千亿，但大部分回流资金缺乏投资引导，使用效益大打折扣。绝大部分流回资金投向生活消费领域农业科技投入不足、农业产业化发展资金积累不足、农业基础设施建设落后、农村公共设施缺乏，影响了农村的经济发展，也不利于改善城乡收入差距扩大。

3.1.4 FDI流动→收入差距→就业转移→就业结构变迁：一个新的分析框架

以上我们分别对FDI理论、就业理论、劳动流动与收入差距的关系理论进行了全面的回顾与梳理，这为本项研究的新的理论分析框架的提出奠定了很好的基石。下面我们将把上述几方面的关系做一个完整的链接，找出它们之间的内在逻辑关联和新的理论构思的线索。

FDI与就业的关系。关于投资和就业的内在联系，凯恩斯主义者的观点具有一定的代表性和开创性，凯恩斯本人认为"不论投资增量如何微小，有效需求将作累积的增加，一直达到充分就业为止"（凯恩斯，1936）。他的意思是说，通过增加政府支出以增加总需求，通过投资乘数原理，新增加的投资引起对生产资料需求的增加而引起生产资料部门的就业人数及收入多倍增加，实现充分就业。发展经济学家费—拉尼斯与刘易斯都认为发展中国家就业问题的实质是资本积累的问题，托达罗主张调整发展中国家的投资结构，以实现国内地区间经济的平衡发展，进而解决就业问题。舒尔茨的"人力资本理论"从劳动力供给的角度拓宽和加深了我们对于劳动力素质与就业关系的认识。钱纳里和斯特劳特提出的"两缺口"模式强调了外资对于发展中国家经济发展和就业增长的积极作用。上述理论主要使用的是总量分析方法，缺乏对外资结构的具体分析，过分强调外资对经济发展和就业的积极作用，忽视了其不利影响等。从理论上我们认为，FDI流入对一国就业的影响是多方面的，既有总量效应也有结构效应；既有直接效应也有间接效应；既可以增加或减少就业的数量也可以提高或降低就业的质量，还可以改变就业的区位结构、产业结构和职业结构等。FDI对就业产生的总效应是所有这些效应共同作用的结果。下面主要从就业创造、就业替代和挤出以及就业转移三大层面来具体分析。

（1）就业创造效应。FDI与劳动力作为要素投入，在规模效益一定时通过增加其投入量可以推动产值的增长。但FDI流入与劳动力之间更多地表现为二者的要素配比关系，在技术一定的条件下，增加一定量的资本则必然要求增加相应的劳动力投入。FDI流入通过资本供给的增加实现企业的扩大再生产，从而扩大就业规模。FDI流入通过溢出效应促动内资企业技术水平提高，市场竞争力加强，推动内资企业与外资企业形成良性竞争和互动，促进国家宏观经济稳定增长、市场需求扩大、劳动就业市场繁荣，不仅自身创造了大量的就业，而且带动内资企业提供了众多的就业机会。相反，FDI流出会对就业产生消极影响。

（2）就业替代和挤出效应。一方面，FDI流入不仅直接增加了各产业的资本供给，还以技术外溢等方式增加了产业内的其他要素供给，提高了要素生产率，推动各行业技术水平和资本有机构成的提高，在产出规模一定的情况下，将出现资本、技术替代劳动力的现象，从而产生就业的替代效应；另一方面，当FDI过多地进入竞争性行业，或国内投资机会有限，外资与内资争夺稀缺资源的情况下，FDI流入与内资会呈现挤出效应。通常处于竞争弱势的部分内资企业会面临经营困难甚至关门倒闭，职工下岗失业，因此，FDI流入对就业产生一定的挤出效应。同理FDI流出会对就业产生反方向的影响。

（3）就业转移效应。全球化下世界经济周期波动必然会引起FDI流量和方向的变化，并通过经济空间重构引致东道国的国内就业转移。

最后，我们对FDI流动→收入差距→就业转移→就业结构变迁：一个新的分析框架做出全面的解读。我们认为：

经济周期波动影响一切经济活动，以跨国公司为主体的外商直接投资也必然受经济周期的影响。改革开放以来，特别是20世纪90年代后，世界经济步入黄金增长期，FDI大量流入中国东部沿海制造业，对我国的剩余劳动力转移、就业增长和结构转换发挥了积极的推动作用。然而，FDI在很大程度上也给我国区域、产业、城乡结构带来了一些新的不平衡问题：在区域结构方面，FDI大量流入我国东部地区，致使我国包括劳动力在内的大量的生产要素往东部沿海"聚集""流动"和"转移"，这一方面造成我国中西部地区的"外围化""边缘化"，区域差距扩大；另一方面将加剧年复一年的"民工潮"等社会问题；在产业结构方面，FDI大量聚集在我国制造业也是导致我国产业结构失衡的一个重要原因；在城乡结构方面，FDI的流入表现出较强的城镇偏好，不仅使得我国城乡差距进一步扩大，也造成我国农村劳动力大量外流。由此可见，FDI在产业和空间上的扩张伸缩、流入流出，从一定程度上造成了我国区域、产业、城乡结构的失衡，进一步导致我国经济空间重构。因此，FDI流动是导致我国经济空间重构的重要原因之一。

　　近年来，由于国内外多重因素的作用，中国的就业问题日益凸显。就业问题的严峻性不仅反映在失业人数和失业率的居高不下，也表现在就业结构的极度不平衡，中国的劳动力就业在总体缓慢增长的情况下，呈现出了明显的区域分布不均和替代的特征。这种就业替代和就业转移很大程度上是由FDI流入所导致的地区差异造成的。在经济全球化背景下，随着中国对外开放程度的不断加深，外商直接投资的不断流入，沿海地区的区位优势得以充分的释放，以高新技术产业和劳动密集型产业为主的制造业和服务业发展迅速，对国有部门和传统工业地区形成了刚性就业替代，地区差距在就业机会方面的表现十分突出。随着沿海出口导向型工业的大发展及产业结构的演变，大量广大农村劳动力离开农业，转入非农产业，从"离土不离乡"到"离土又离乡"，流向沿海地区和各级城镇，基本改变了过去人口稀疏区扩散的模式，转而向人口密集区集聚。在改革开放背景下，中国劳动力的流动实际上是中国就业岗位空间分布不平衡的结果，全球化以及由此导致的外商直接投资的流动是出现这一结果的重要原因。FDI一方面通过投资倾斜驱动中西部地区人口和劳动力加速向东部沿海地区迁移流动，带来新增就业机会，对就业转移产生直接影响；另一方面通过加快经济全球化进程、拉大区域经济发展差距、带动技术创新和技术进步，促进区域产业结构的调整和升级等对就业转移产生间接影响。就业转移实质上是生产要素的流动，劳动力通过由流出地向流入地的流动，一方面影响了流出劳动力的收入；另一方面也通过各种途径作用于流入地经济发展，影响着流入地劳动力的收入，导致了流入地与流出地之间的居民收入差距的相对变化。因此，经济周期波动→FDI流动→经济空间重构→就业转移→收入差距，这是解释转型时期中国外商直接投资与就业关系的一个新的分析框架。

3.2 就业转移及其影响

劳动力的流动不仅是人力资源在区域间的转移，也是人力资本在地区之间的转移，人力资本的转移对地区经济发展有重要的影响。劳动力的外流改变了所在地区一定时间内劳动力的数量和结构，深刻的影响着社会、经济的发展。由于劳动力的流动，导致了地区间其他生产要素的流动，如资金、信息、技术等的流动，进一步影响到劳动力所在地的发展。因此，就业转移带来的影响可以分为积极影响和消极影响。

3.2.1 积极影响

（1）对劳动力的流入地来说，在市场经济条件下，劳动力的流动是非常正常的，它保证了人力资源在合适的岗位上最好的发挥作用，对劳动力资源的配置起到了优化的作用。劳动力的流入地吸收外来的人力就业，可以丰富本地的劳动力资源，发挥其在本地区对生产和社会的建设作用。如中国为了支援西部地区的经济发展和社会事业，曾经抽调大批文教、科技和其他专业技术人员支边，每年的高等院校毕业生分配也有向西部地区的指令性分配指标，这种劳动力的流动对西部地区的社会和经济发展都产生了直接的、重要的促进作用。

（2）对劳动力的流出地来说，劳动力的外流，可以增加居民的收入，例如农村劳动者在外地就业，开辟了农村剩余劳动力异地转移的新天地，使之由闲置资源变为财富，提高了人口的生产效率，有效地减轻了流动地人口对耕地的压力，改变由于人多地少，单纯农业经营劳力不能充分发挥作用，收入甚低的状况，促进农业规模经营的发展。劳动力外流还产生广泛的扩散效应，带动所在地的社会和经济发展。劳动者的外出就业不仅增加了其自身的收入，更重要的是使自己开阔了视野、增长了才干。多数劳动者流向城市和沿海发达地区，这些地区市场经济最活跃，大部分人吸收了发达地区现代生活的新观念，在其掌握了一定技术，积累了一定管理经验和资金，了解了某种市场信息，培养出竞争和风险意识以后，在各种动因的驱使下，重返原地区进行社会经济建设，在社会发展中起到了十分重要的作用。

3.2.2 消极影响

就业转移在对社会发展产生积极作用的同时，也隐含着一些不利影响。

（1）对劳动力流入地来说，一个地区的社会承载力是有限的，尽管外来的劳动力资源在本地区社会、经济建设方面发挥了积极的作用，但大量的外来人口涌入某一地区，会加重该地区的社会承载力，增加了该地区社会正常运行的负担，如人口密集带来的交通严重拥堵，原有的基础设施供不应求等生活方面问题。同时，大量外来人口的进入也会给劳动力吸纳地带来失业率增加、环境污染加剧、社会治安情况恶化等社会方面问题。

（2）对劳动力流出地来说，劳动力资源的流出，一方面导致了劳动力所在地的人才流失问题，造成了劳动力原所在地的人力资源不足，不利于流出地的经济、社会发展，在中国中西部地区，人才流失的情况比较普遍，这种人力资本的区域流向失衡加剧了地区间经济发展的差距。如20世纪80年代以来，有相当数量的专业技术人员自西部地区流向沿海地区，引起"孔雀东南飞"的现象；另一方面，劳动力的流出，尤其是农村劳动力的大量流出，可能影响农业生产劳动力的素质，不利于农业生产发展。从人力数量上来讲，一方面，原有的农业生产力减少。虽然农村劳动力外流情况下农村现有劳动力提高了劳动强度，以抵补外出者的原有工作量，但其付出的代价和影响也是较广泛的，很多人是以打工效益来牺牲农业效益，获取超额收入，轻视和放松了农业生产；另一方面，农村外流的劳动力大都是相对有知识、有文化、有技能、素质较高的青壮年农民，性别上以男性劳动力为主，留在家里务农的基本上是老人、妇女、未成年人，这可能在一定程度上影响农业发展的后劲。

3.3 影响中国就业转移的因素

3.3.1 劳动力市场特殊性的外部因素

随着改革的深入，中国劳动力市场正经历逐步完善的过程。尽管劳动力在城乡之间、区域之间、企业之间流动的障碍已逐渐减少，但在诸多特殊因素的影响下，中国的劳动力市场还没有完全达到市场经济运行机制的要求。劳动力市场表现出总量上供给和需求不平衡，结构上多种分割现象并存以及劳动力市场体制不完善的特征。

（1）总量特征：供求不平衡。中国劳动力市场的总量特征表现在劳动力资源丰富，供给量大，但市场对劳动力的需求量增长缓慢。一方面，经济体制改革和经济结构调整释放出了大量劳动力，如城镇失业人员、农村剩余劳动力等，加上社会新增的劳动力，劳动人口占全国总人口的比重不断增加，劳动力供给量大大提高。若认定15~64岁的人口为可就业人口，根据国家统计局相关资料，2000年全国15~64岁的人口占全国总人口的比重为70.15%，2011年比重达到74.4%❶；另一方面，由于劳动力市场发育不成熟，市场的运行调节机制不健全，供求双方信息不对称，劳动力市场无法达到均衡；加上劳动力整体素质不高，就业市场上低素质劳动力过剩

---

❶ 以上数据由查阅2001年和2012年《中国统计年鉴》，按年龄和性别人口数的数据经笔者计算得出。

而高技能人才相对匮乏，劳动力市场供求失衡现象严重。

（2）结构特征：呈现多重分割。中国劳动力市场的结构特征表现为劳动力市场结构复杂，呈现多重分割。与发达国家的劳动力市场相比，中国劳动力市场的市场分割程度更强，表现为区域、城乡、行业和职业等多重分割。一是区域分割，这主要表现在不同地区劳动者之间的收入水平差距悬殊层面。如东、西部城镇居民收入比率从1989年的1.01:1上升到1997年的1.4:1，东部地区农民人均纯收入比西北地区高3倍。不同地区收入差距扩大，与劳动力缺乏区域流动性和开放性有关，即不同地区存在劳动力市场分割。我国劳动力市场主要是体制性分割，是中国特殊的制度变迁过程的产物，与西方国家的劳动力市场分割有相似之处，但显得更为复杂。这种分割提高了劳动力流动的成本，不利于建立统一的劳动力市场。二是城乡分割，即在城市和农村差别的基础上，形成的以户籍制度为代表的制度性分割。随着经济的发展，大量农村剩余劳动力转移到城市，但城乡劳动人口在就业机会、就业待遇、工作条件和社会保障等方面依然存在明显的差异。三是行业分割，即在行业性质差别的基础上，形成的以工资为代表的结构性分割。中国各行业间工资差异大。服务业、制造业等劳动密集型行业的平均工资相对较低，信息业、金融业等高技术行业的平均工资较高。四是素质分割，即在劳动力教育培训差别的基础上，形成的以劳动熟练程度为代表的技术性分割。中国劳动力市场上高素质劳动力供给量不足和低素质劳动力供给量过剩的现象并存。体力劳动者和脑力劳动者在福利待遇、劳动强度和工作条件方面都在很大的差异。

（3）制度特征：体制不完善。目前中国的劳动力市场发育还不成熟，相关的法律制度未能完全建立起来，各种因素导致劳动力不能完全自由流动，阻碍了劳动力资源的有效配置。市场上供求双方的信息不对称，导致供求双方的权利不平衡。企业方的权利远远大于劳动者，劳动者基本上没有商讨工资收入的能力，中国的工资制度不能由市场均衡决定，而是由企业单方面确定，这导致市场调节能力的丧失。劳动力市场尚未形成市场机制，缺少法律监管调控手段，对劳动力市场运行中的争议和纠纷没有相应的法律手段进行约束和纠正。

3.3.2 收入差距的内部决定性条件

通过第2章的文献梳理，可以清晰地看出劳动力流动与收入差距有密切的关系。劳动力就业的理性资源配置体现在不断追求较高的收入上。收入由生产要素也就是土地、资本和劳动的价格决定，上述生产要素的市价与市场上其他商品一样，由供给和需求决定。因而这里生产要素提供的生产性服务是市场供给和需求的对象，即生产要素共同为生产商品做出贡献（萨伊，1936）。中国的劳动力市场正处于发育过程中，要素市场尚未形成完全竞争的状态，就业不能完全根据市场上劳动力的供给和需求机制形成，因而就业行为会依据潜在的非正式规则而做出调整。这种引导劳动力流向的非正式规则其中很重要的一部分就是收入差距因素❶。追求高收入是劳动力就业转移行为发生的实践表象，这可以在微观理论分析中得到证实。

设城镇居民的总收入为 Y_u，农村居民的总收入为 Y_r，城镇居民的收入由工资（w_u）和城镇劳动力总量（L_u）决定，而农村居民的总收入一部分由农产品到市场上销售获得的生产性收入（Y_p）决定，一部分由农村劳动力外出务工获得的工资性收入（$Y_{u'}$）决定，农村生产函数以柯布–道格拉斯生产函数（C-D）表示，那么上述表述用公式（3-1）和公式（3-2）的形式可以表示为❷：

$$Y_u = w_u \cdot L_u \tag{3-1}$$

$$Y_r = Y_p + Y_{u'} = p \cdot K^\alpha \cdot \left[nL_r \right]^{(1-\alpha)} + w_{u'} \cdot m \cdot L_r \tag{3-2}$$

其中，p 为农产品的市场价格，K 为资本投入量，α 为生产效率系数，m 为农村劳动力外出就业的比率系数，n 为农村居民留下务农的系数，$w_{u'}$

---

❶ 这里的收入差距因素不仅指城乡收入差距，也指区域间和产业间的收入差距，即指导致就业转移发生的收入因素。

❷ 此处以城乡就业转移的数学公式推导为例来分析收入因素导致就业转移的机理，上述理论推导同样可以延伸到分析劳动力在区域间和产业间的就业转移。

为农村劳动力到城镇务工所得的工资收入，L_r 为农村劳动力总量。

均衡条件时：$Y_u=Y_r$，可以得出：

$$w_u \cdot L_u = p \cdot K^a \cdot [nL_r]^{(1-a)} + w_u \cdot m \cdot L_r \qquad (3-3)$$

对公式（3-3）式中 L_r 求一阶导数，设农产品的价格由市场机制决定，可以看作由城镇居民的收入水平决定，有 $p=b \cdot w_u$，从而可以解出农村劳动力流动的比率系数：

$$m = (1-\alpha) \cdot b \cdot n^{1-\alpha} \frac{w_u}{w_{u'}} \left(\frac{K}{L_r} \right) \alpha \qquad (3-4)$$

通过上述数学公式推导，我们可以看出，农村劳动力流动的比率与城乡之间的收入差距有显著的关系，但这种关系不是一般意义上的线性关系，而是一种呈某种比率的几何关系，后文将对这种关系的大小进行详细测算。上述理论框架就城乡收入差距对农村劳动力转移到城镇做出了说明。从广义上来说，收入差距体现在城乡收入差距、区域收入差距、产业收入差距和行业收入差距等多方面。上述推导分析可以进行延伸，用于解释广义上的收入差距对劳动力就业转移的影响。

3.4　本章小结

近年来，由于国内外多重因素的作用，中国的就业问题日益凸显。就业问题的严峻性不仅反映在宏观总量方面的失业人数和失业率的居高不下，也表现在就业结构的极度不平衡，中国的劳动力就业在总体增长缓慢的情况下呈现明显的区域分布不均和替代的特征。在经济全球化背景下，随着中国对外开放程度的不断加深，外商直接投资的不断流入，沿海地区的区位优势得以充分的释放，以高新技术产业和劳动密集型产业为主的制造业和服务业发展迅速，对国有部门和传统工业地区形成了刚性就业替代，地区差距在就业机会方面的表现十分突出：FDI流入不仅加大了城镇和农村收入差距的扩大，导致了区域间劳动力的收入差距。正是中国劳动力市场的特殊性和收入差距这两大因素导致了就业转移。本部分通过对

FDI 理论、就业理论、劳动力流动与收入差距等相关理论进行回顾和梳理，尝试性地提出了一个新的理论分析框架：FDI 流动→收入差距→就业转移→就业结构变迁。

主要结论是：（1）国际直接投资（FDI）理论着重研究了跨国企业对外直接投资的决定因素、发展条件及其行为方式等，其中较有代表性的主要包括海默的垄断优势理论、弗农的国际产品生命周期理论、邓宁的国际生产折衷理论、小岛清的"比较优势论"、威尔斯的"小规模技术理论"、拉奥的"技术地方化理论"、波特的"竞争优势理论"等。综观 FDI 理论的发展历程，由于 FDI 的投资来源国不同，跨国公司的自身条件各异，进入的产业、区域、方式、动机及外溢效应发挥的差别较大,加之各国的经济发展规律及宏观经济政策有其特殊性，这些 FDI 理论的普适性和应用性还需要经过实践的进一步检验。特别是在经济全球化快速推进、世界经济周期剧烈波动给跨国公司的投资战略及行为带来越来越大影响的今天，如何将FDI行为与经济周期波动联系起来，如何利用理论与实证相结合的方法进一步研究 FDI 的经济效应及国民福利后果，将是未来 FDI 理论的重要发展方向。

（2）就业问题既是个经济问题，也是个社会问题、政治问题，因此始终是当今世界各国研究的重大理论问题。就业理论可简单划分为西方经济学的就业理论、发展经济学的劳动力转移理论、马克思主义的就业理论等。西方经济学的就业理论主要包括古典学派的自愿失业理论、凯恩斯主义的非自愿失业理论、新古典综合派的就业理论、现代古典学派的就业理论（货币主义学派、供给学派和理性预期学派等）。发展经济学的就业理论主要包括刘易斯·费·拉尼斯的二元经济发展模型和托达罗的劳动力转移模式等。纵观每一个就业理论的产生，无不与当时特定的政治、经济环境相适应。就业理论的演变正是为了适应社会发展的现实需要，就业理论的更迭不能说明哪一个就业理论更为成熟。因为就业问题从来没有被解决，而且这些就业理论本身也存在缺陷。另外，上述关于就业理论的研究，局限于从一国内部来研究就业问题，尤其是就业的数量问题，缺乏从全球化视角探讨经济周期波动下国际资本流动给各国带来的就业结构变化和就业转移效应问题，这给本课题研究留下了一个新的切入点。

（3）关于收入差距对劳动力流动影响的问题，国内外学者用不同的方法，从不同角度出发进行了大量研究。大部分学者认为，收入差距促进了劳动力的流动。不少学者还对其中的原因及政策建议展开了探讨。但总体来看，这些作者多是从一国内部因素考虑，忽视了全球化背景下国际资本流动带来的外力因素的影响，这同样赋予了本课题新的研究视角和研究价值。

第4章　中国FDI流入、收入差距及就业转移的现状与空间差异

改革开放以来，中国人口迁移与流动日趋活跃，对社会经济生活产生着越来越大的影响，劳动力就业的转移是人口迁移的一个重要途径。劳动力流动与就业转移实际上是中国就业岗位的空间分布不平衡的结果，全球化导致的外商直接投资的大量流入是出现这种结果的重要原因。FDI向东部沿海地区集聚导致了中国区域经济差距和收入分配差距的持续扩大。外商直接投资在中国的区域选择推动了东部地区经济的迅速发展和劳动就业比重的提高。从外商投资的区域分布看，外资主要集聚在东部地区，其次是中部地区，西部地区占比极低。FDI的这种区域分布不均衡使得中国传统的地区分工格局发生了深刻的变化，在新的全球分工体系中，沿海地区以劳动密集产业和高新技术产业为主的制造业得到显著发展，在很大程度上形成对中部地区相应制造业就业的替代。

FDI流入使得中国劳动力密集的比较优势得到充分凸显，外商直接投资企业和相关区域都得到迅速发展，共同收获人口红利。早期的FDI主要面向国际市场、沿海地区的区位优势显现，因此这些地区也就成为收获人口红利的主要区域，就业岗位丰富。各地区就业结构的变化导致就业增量在地区间的不均衡分配。中西部地区就业紧缩，制造业就业大幅下降，就业被东部地区替代，劳动力流向东部地区。FDI在区域间分布不平衡导致了区域间经济发展差距的持续扩大，东部地区与中西部地区的收入差距逐渐扩大，劳动力就业发生转移。因此，本章的主线是首先分析就业转移的空间传递过程，然后在描述中国FDI、收入差距与就业差异现状的基础上，对上述变量的差异进行测度，进一步呼应FDI流入→收入差距→就业

转移的分析框架。

4.1 中国劳动力的基本特点与就业转移的空间格局

4.1.1 中国劳动力的基本特点

在中国特有的市场经济体制下，中国劳动力市场表现出了其独有的特征：总量规模庞大，但素质结构不合理；农村劳动力所占比重较大，但比重呈逐年递减趋势；农村劳动力地域分布范围广。

（1）总量规模庞大，但素质结构不合理。中国人口数量庞大，劳动力资源丰富，根据2010年的第六次全国人口普查数据，截至2010年，全国总人口约为13.39亿，较2000年第五次全国人口普查的12.6亿增长了5.84%。人口数量决定了劳动者的规模，2010年中国经济活动人口的数量为7.84亿人，占总人口的比例为58.55%。尽管劳动力资源丰富，但劳动者的素质结构却不尽合理，这主要表现在劳动者受教育程度上，低素质劳动者所占比重较高。根据全国第六次人口普查的数据，2010年中国人口受过大专及以上教育占比8.93%，受过高中及中专教育人口占比14.03%，受过初中和小学教育人口占比较大，分别为38.79%和26.78%，文盲率为4.08%（见图4-1）。尽管如此，2010年的人口受教育结构比2000年有很大程度的优化，2010年受大专及以上教育人数比2000年增加了1.47倍，受过高中及中专教育和受过初中教育的人口分别比2000年增加了25.9%和14.21%，而受过小学教育和未受过教育人口8%，分别比2000年有大幅下降（见图4-2）。

（2）农村劳动力所占比重较大，但比重呈逐年递减趋势。根据历年的统计数据资料，1990—2010年，农村就业人口所占比重较大，所占全国就业总量的比重持续超过50%。但随时间的推移，农村就业人口占比呈递减趋势，由1990年的73.68%下降到2010年的54.42%；城镇就业人口占比呈上升趋势，其比重由1990年的26.23%上升到到2010年的45.58%（见图4-3）。

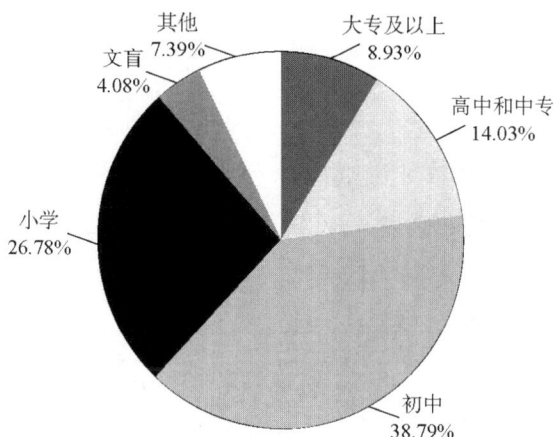

图4-1 2010年中国劳动力受教育情况

资料来源：根据2011年《中国统计年鉴》（北京：中国统计出版社出版，下同）数据计算得出。

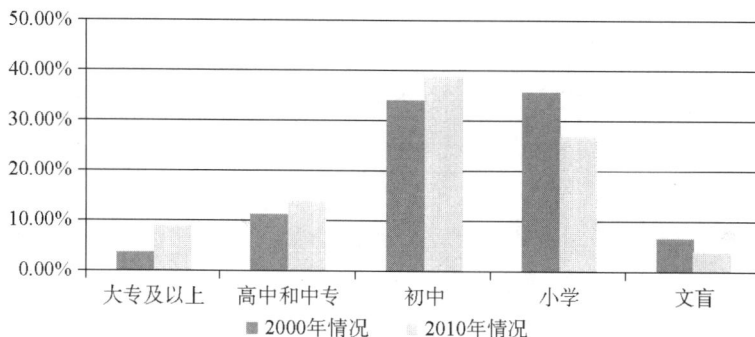

图4-2 2000年与2010年中国劳动力受教育程度对比

资料来源：根据2001年、2011年《中国统计年鉴》数据计算得出。

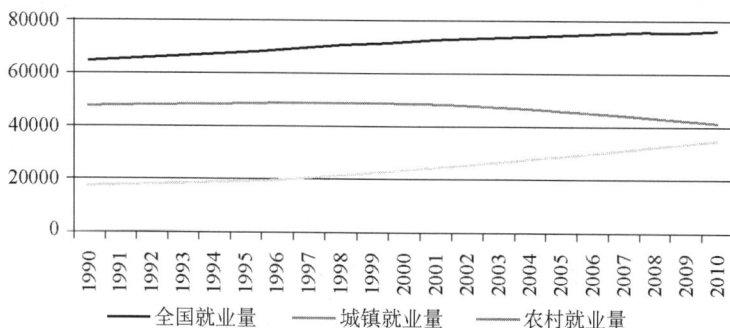

图4-3 1990—2010年全国及城乡就业量情况

资料来源：根据历年《中国统计年鉴》数据整理得出。

（3）农村劳动力地域分布范围广。在中国，经济相对不发达的中西部地区为劳动力的主要输出地，如安徽、江西、四川等。经济发展较快的沿海地区的就业机会多，这些地区为劳动力的输入地，如广东、浙江、上海等。由于中国户籍制度、土地制度等限制性因素，劳动力可能不能获得在工作地永久居住的权利，所以劳动力尤其是农村劳动力在农忙时回乡务农，在农闲时到城市务工，这样一来，劳动力流动的地域范围相当广阔。

4.1.2　中国人口迁移和就业转移的空间格局

尽管人口迁移与劳动力的就业转移是两个非常相似的概念，但严格的说，迁移与转移之间存在一些差别，主要表现在劳动力的定居地点是否发生变化。如果劳动力在空间流动的同时定居地点的也发生改变，那么这种流动就是迁移。在统计数据尤其是人口普查的数据中，人口迁移比劳动力流动更容易获取资料，学者们通常用人口迁移代替劳动力流动。由于中国的劳动力流动的特殊性，对人口实行较为严格的户籍管理制度，人口常住地变更后，其户籍并不一定发生相应的变化，人户分离的现象较为普遍。本书主要研究就业的转移，而不是强调户籍的差别，因此在文中的就业转移指的是导致就业人口发生变化的所有的劳动力的流动。人口迁移与劳动力流动、就业转移的概念在本文可以互用，都是指劳动就业的空间移动。

劳动力的就业转移改变了劳动力资源配置，是城市化和市场化过程在劳动力方面的具体表现形式。尽管劳动力流动会受到各种不同因素的影响，但总体来看，劳动力的就业转移有一定的客观规律，主要表现为：

（1）转移和距离。一般来说，劳动力就业转移的行为与空间距离呈负相关关系，距离越短，转移的可能性越大；距离越长，转移的可能性越小。劳动者普遍偏向于短距离的转移，长距离的转移大部分的目标地区是规模较大的中心城市。如从中国劳动力就业转移的现象来看：湖北、湖南和四川的劳动力倾向于到广东就业，黑龙江、吉林的劳动力倾向于到津京唐地区就业等。

（2）转移的阶段性。劳动力就业转移具有阶段性及分级递进性。阶段性表现在劳动力流动随时间变化有一个整体推进的规模；分级递进性表现在劳动力由原就业地点向工商业中心城市流动，而流出的空缺岗位会由临近地区的劳动者填补，临近地区的空缺岗位由更远地区的劳动者填补，如此形成整个大区域范围内的转移，就业转移是一个由近及远、逐步流动的过程。

（3）转移和回流。一般来说，一个大区域范围内就业转移有一个基本的流向，就是转移的主流，但在劳动力流动的过程中，也存在一个与转移主流流向相反的转移逆流，也可称作回流，相对于主流转移逆流的规模较小，它只是对转移主流的一个反向性补偿。

（4）转移的意愿。一般来说，劳动力就业转移的主体是农村居民，城市居民的转移意愿较弱；就业转移的劳动者主要是男性，女性的转移意愿较弱；就业转移的劳动者主要是中青年劳动者，年长劳动者转移的意愿较弱；就业转移的地区主要是工商业发达的城市，到农村转移的意愿较弱。

在中国，反映中国劳动力就业和人口迁移情况的一类重要的资料是全国人口普查数据。本书选取较近的第五次和第六次全国人口普查的资料，分析人口的流动情况。根据统计资料发现，1990—2010年各地区就业变动的情况不尽相同。按照就业增长率的高低将各省、市、自治区划分为三种类型，即就业高增长地区、就业低增长地区、就业紧缩地区（见表4-1）。其中，高增长地区包括：北京、浙江、福建、广东、海南、西藏、四川、甘肃和青海，这些地区中既有东部地区、也有西部地区，但没有中部地区省份，这些地区就业扩张的速度明显高于全国平均水平；低增长地区包括：天津、辽宁、河北、山西、内蒙古、黑龙江、上海、江苏、安徽、江西、山东、河南、湖北、湖南、广西、云南、贵州和宁夏，这些地区的空间分布比较分散，但包括了大部分中部地区；就业紧缩的地区包括：吉林、陕西和新疆。

表4-1 1990—2010年全国各省份人口净迁移和就业增长率

省（自治区、直辖市）	五普		六普		就业增长率(%)	省（自治区、直辖市）	五普		六普		就业增长率(%)
	净迁移(万人)	占总人口之比(%)	净迁移(万人)	占总人口之比(%)			净迁移(万人)	占总人口之比(%)	净迁移(万人)	占总人口之比(%)	
北京	16.73	12.33	67.70	3.45	0.96	河南	16.73	2.04	-80.34	0.85	-0.11
天津	3.93	3.99	27.18	2.09	0.06	湖北	3.93	2.61	-48.76	0.85	-0.57
河北	-0.94	0.14	-20.94	0.29	0.12	湖南	-0.94	4.51	-65.04	0.99	-0.17
山西	0.64	0.20	-1.52	0.04	0.19	广东	0.64	12.71	206.17	1.97	0.57
内蒙古	-0.98	0.42	3.77	0.15	0.57	广西	-0.98	3.54	-33.43	0.73	-0.31
辽宁	3.92	0.94	7.73	0.18	0.08	海南	3.92	1.38	3.13	0.36	2.66
吉林	-2.68	1.00	-9.16	0.33	2.04	四川	-2.68	7.55	-103.38	0.95	0.50
黑龙江	-6.26	1.73	-20.47	0.53	0.46	贵州	-6.26	2.79	-32.85	0.94	0.28
上海	19.81	12.07	87.27	3.79	0.18	云南	19.81	0.86	-2.46	0.05	0.28
江苏	7.42	1.02	43.20	0.55	0.08	西藏	7.42	1.47	1.10	0.37	0.52
浙江	17.63	3.84	99.70	1.83	0.47	陕西	17.63	0.80	-9.86	0.26	0.12
安徽	-26.01	4.41	-89.05	1.49	0.87	甘肃	-26.01	1.42	-11.60	0.45	0.22
福建	7.33	2.15	26.46	0.72	0.39	青海	7.33	0.86	0.76	0.14	0.27
江西	-24.21	5.99	-51.87	1.16	0.48	宁夏	-24.21	0.86	1.43	0.23	0.31
山东	0.28	0.03	-9.80	0.10	0.09	新疆	0.28	5.15	14.94	0.68	0.26

资料来源：根据全国第五次人口普查和第六次人口普查数据计算得出。

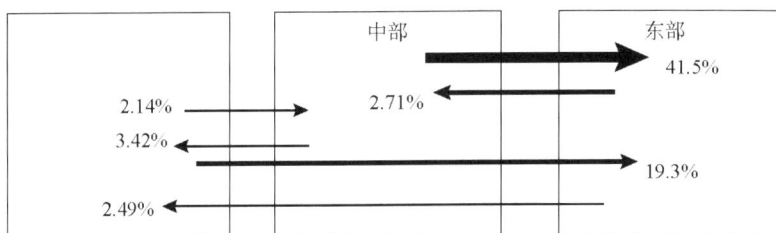

图4-4 1990—2000年三大地区间的人口迁移流

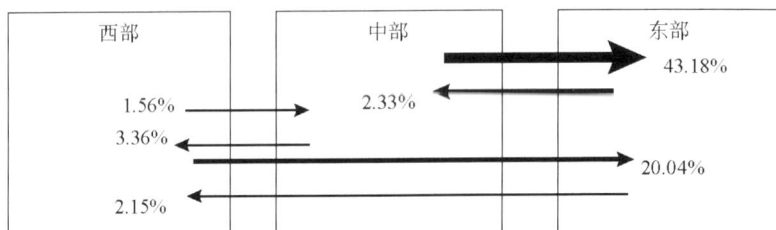

图4-5 2000—2010年三大区域间的人口迁移流

就业状况是一个地区就业格局的静态反映，就业人口的跨区域流动是区域就业结构相对变化的动态表现形式。中国人口流动和劳动就业转移的区域特征比较明显，主要表现为区域内部人口的迁移和区域间人口的迁移。根据第五次人口普查和第六次人口普查的数据，1990—2000年中国区域内部迁移人口占总迁移人口的比重为28.44%，区域间迁移人口占总迁移人口的比重为71.56%。与之相比，2000—2010年，中国区域内部人口迁移的比重略有下降，区域间人口迁移的比重有所上升，区域内部和区域间迁移人口占总迁移人口的比重分别为27.38%和72.62%。区域间的迁移主要表现为劳动力由中、西部地区向东部沿海地区转移。如图4-4和图4-5所示，根据第五次全国人口普查的数据：1990—2000年人口总迁移中，人口由中部向东部的迁移占41.5%，由西部向东部的迁移占19.3%，中西部合计向东部地区的迁移占60.8%，东部向中西部迁移的占比合计为5.91%；2000—2010年，人口由中部向东部的迁移占43.18%，由西部向东部的迁移占20.04%，中西部合计向东部地区的迁移占63.22%，东部向中西部就业转移的占比合计为4.48%。两次人口迁移的数据对比来看，由中、西部流向东部的占比分别上升3.8%和3.6%，由东部流向中、西部的占比下降，两地区合计下降16%。

由此可见，改革开放以来特别是20世纪90年代以后中国区域间人口流动及就业转移进程明显加快，其中最主要的原因是全球化背景下以跨国公司为主导的FDI在区域间的流动引致的区域收入差距。下文将对中国FDI流入、收入分配差距与就业的区域格局进行描述，指明三者的区域差异的现状，使用泰尔指数分解对这种差异进行测度，明确这种差异产生的原因。

4.2 中国FDI、收入分配及就业的差异描述

4.2.1 FDI的区域格局

改革开放以来，FDI在中国经历了从无到有、从试探性的少量进入到

外资在中国蓬勃发展的过程，外商直接投资对中国各地区的经济增长都发挥了积极的促进作用。但由于中国对外开放采取的是梯度推进的形式，即由沿海地区逐步扩展至内陆，以及各地区投资环境和经济区位的差异，导致中国FDI大量集中于东部沿海地区，外资区域分布极度不平衡。近年来，虽然FDI在区位选择上出现了从南到北、由东向西逐步推进的趋势，但其高度集中分布的格局至今仍未得到根本改变（1990—2010年全国及东、中、西部地区实际利用FDI比重情况见表4-2，1990—2010年东、中、西部地区实际利用FDI占比见图4-6）。

表4-2　1990—2010年全国及三大地区实际利用FDI情况

年份	实际利用FDI比重（%）		
	东部	中部	西部
1990	88.22	6.99	4.79
1991	87.79	6.43	5.79
1992	90.57	5.96	3.47
1993	85.12	8.36	6.51
1994	85.39	7.51	7.11
1995	83.85	10.27	5.88
1996	83.99	10.25	5.76
1997	84.33	9.76	5.91
1998	85.40	9.54	5.06
1999	85.44	10.06	4.50
2000	85.30	10.10	4.60
2001	86.23	9.65	4.12
2002	86.08	10.00	3.92
2003	86.39	9.31	4.30
2004	83.53	11.16	5.31
2005	82.46	11.87	5.67
2006	80.65	13.09	6.26
2007	78.70	14.62	6.68
2008	77.63	14.94	7.43
2009	76.68	14.77	8.55
2010	71.35	16.42	12.24

资料来源：根据历年《中国统计年鉴》及各省、市、自治区的统计年鉴资料整理得出。

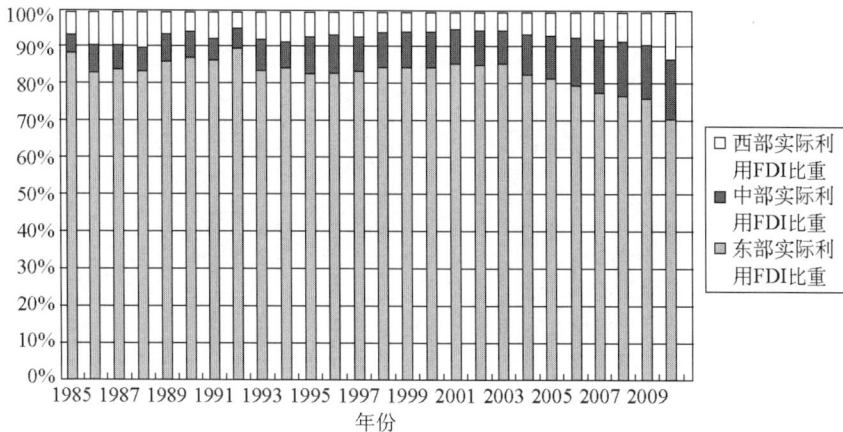

图4-6　1990—2010年东、中、西部地区实际利用FDI占比
资料来源：根据表4-2中的数据计算得出。

从整体上看，无论是数量上还是比重上，目前中国吸收的外商直接投资仍然集中在东部地区。近年来，中西部地区引资数额也有了较大的增长，但与东部地区相比还是存在较大的差距，这种区域分布不均衡状态在短期内难以改变。这种"东高西低"的格局在90年代初期间表现得十分突出。1992年，东部地区实际利用外资比重高达90.57%，而中、西部地区仅占5.96%和3.47%。20世纪90年代，在西部大开放的政策引导下，外商直接投资在空间上呈现出由东向西逐级推进的态势，但推进的速度显然十分缓慢。截至2010年年底，东部地区FDI占全国的比重由89.54%缩减到71.35%，而中部地区和西部地区占比则分别上升到16.42%和12.24%。

为了反映FDI区域差异的情况，使用全国各省区间FDI分布的标准差❶来衡量这种差异（见表4-3）。2010年东、中、西部地区FDI的平均值分别为1949.12万美元、315.23万美元和180.73万美元，三个地区间，尤其是东部地区与中、西部地区之间的就业差距相当大，FDI主要集中在以广东、山东、江苏、浙江等为代表的东部沿海地区，西部地区普遍就业较少。

---

❶ 标准差可以反映地区就业的绝对差异，其计算公式为：$S = \sqrt{\dfrac{1}{n}\sum_{i=1}^{n}\left(y_i - \bar{y}\right)^2}$，$\bar{y} = \dfrac{1}{n}\sum_{i=1}^{n}y_i$，其中，$n = 30$代表30个省区，$y_i$代表第$i$个省区的就业总人数。

表4-3 各省（自治区，直辖市）1990年和2010年FDI情况（单位：万美元）

东部	1990年	2010年	中部	1990年	2010年	西部	1990年	2010年
北京	108.00	1192.06	山西	24.11	229.29	内蒙古	62.51	232.43
天津	152.09	1096.24	吉林	6.38	222.59	四川	96.40	279.73
河北	108.62	403.48	黑龙江	40.80	196.17	贵州	54.16	891.00
辽宁	142.46	1476.15	安徽	51.69	303.24	云南	9.64	41.32
上海	289.26	3393.85	江西	48.26	439.17	西藏	9.77	179.49
江苏	519.08	5081.06	河南	28.89	378.66	陕西	0.00	5.34
浙江	125.81	1832.33	湖北	47.98	428.64	甘肃	32.41	180.44
福建	403.88	1248.31	湖南	50.77	324.06	青海	6.39	62.89
山东	268.90	1245.23				宁夏	1.06	23.49
广东	106.21	4212.60				新疆	0.39	39.64
海南	10.26	259.00				广西	5.49	52.29
平均	203.14	1949.12	平均	37.36	315.23	平均	25.29	180.73
标准差	151.23	1574.47	标准差	16.19	94.58	标准差	32.26	253.41

注：重庆市的数据包含在四川省内。

资料来源：历年《中国统计年鉴》，中国统计出版社，1991—2010年。

为了更清楚的反映中国外商直接投资地区差距的总体变化情况，计算1990—2010年全国各省市间FDI的标准差，以衡量各省市间FDI的绝对差距。图4-7清晰地表达了1990—2010年，中国各省区间FDI绝对差距变化的动态过程。可以看出，1990—2001年，中国省际间FDI的差异呈平稳上升的趋势；2002—2007年，这种差异开始以较快的速度增大；2007—2008年省际间FDI的标准差数值最大，说明这两年省际间FDI的差异最大，增速也最快；2009年以后，虽然省际间FDI的差异呈上升趋势，但增速比之前放缓。从总体上看，省际间FDI的差异呈持续上升的趋势。

4.2.2　收入分配的区域特征

中国工资因素是影响收入差距扩大的主要因素，也就是说收入分配的差距主要来自于工资收入的差距（樊明，2005）。因此，本文以工资收入作为衡量收入差距的变量。改革开放以来，中国经济增长速度一直保持在一个很高的水平，经济增长在地区间表现出了很强的差异性，地区收入差距过大已经成为经济发展中一个不可忽视的问题。从东、中和西部三大地域

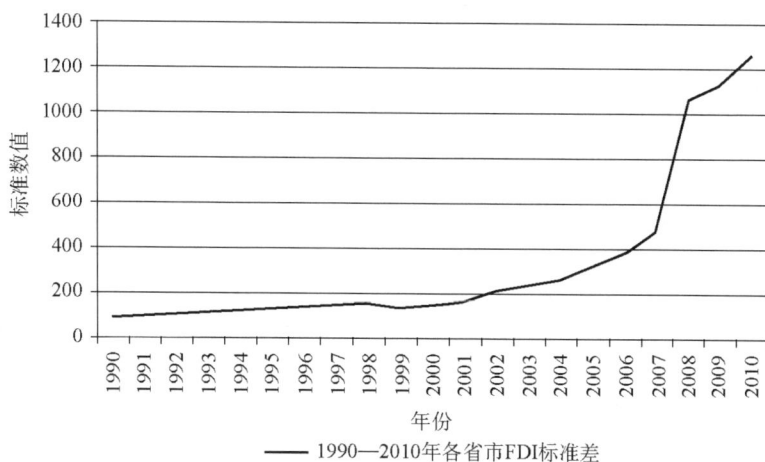

图4-7　1990—2010年全国各省市FDI标准差情况

数据来源：根据历年《中国统计年鉴》及各省、市、自治区的统计年鉴资料整理得出。

近几年人均收入来考察。1995年，三大地区居民平均工资收入比为1.43：1：1.15，2010年，三大地区的居民平均工资收入比为1.39：1：1.23。从人均工资收入最高与最低的省市进行考察，以2000年为例，收入最高的上海市人居工资收入为66115元，与人均工资收入最低的黑龙江省27735元之比为2.38：1。由此可见，中国已不得不面临区域收入差距过大这一问题，因为它将会影响到一国的社会稳定与经济健康发展。为了反映平均工资区域差异的情况，我们使用全国各省区平均工资的标准差来衡量这种差异（见表4-3）。2010年东、中、西部地区平均工资的均值分别为42357元、30350元和37315元，三个地区间，尤其是东部地区与中、西部地区之间的就业差距相当大，平均工资较高的省市主要是北京市、天津市和浙江省等东部地区的省市，中部地区收入的均值最低，仅有30350元。

表4-4　1995年和2010年中国各省（直辖市、自治区）平均工资情况（单位：元）

东部	工资		中部	工资		西部	工资	
	1995年	2010年		1995年	2010年		1995年	2010年
北京	8144.00	65158.00	山西	4721.00	33057.00	内蒙古	4134.00	35211.00
天津	6501.00	51489.00	吉林	4430.00	29003.00	四川	4645.00	32567.00
河北	4839.00	31451.00	黑龙江	4145.00	27735.00	贵州	4475.00	30433.00
辽宁	4911.00	34437.00	安徽	4609.00	33341.00	云南	5149.00	29195.00

东部	工资		中部	工资		西部	工资	
	1995年	2010年		1995年	2010年		1995年	2010年
上海	9279.00	66115.00	江西	4211.00	28363.00	西藏	7382.00	49898.00
江苏	5943.00	39772.00	河南	4344.00	29819.00	陕西	4396.00	33384.00
浙江	6619.00	40640.00	湖北	4685.00	31811.00	甘肃	5493.00	29096.00
福建	5857.00	32340.00	湖南	4797.00	29670.00	青海	5753.00	36121.00
山东	5145.00	33321.00				宁夏	5079.00	37166.00
广东	8250.00	40432.00				新疆	5348.00	32003.00
海南	5340.00	30775.00				广西	5105.00	30673.00
平均	6439.00	42357.00	平均	4493.00	30350.00	平均	5178.09	37315.82
标准差	1505.00	12957.00	标准差	245.000	2130.00	标准差	883.86	11539.42

注：重庆市的数据包含在四川省内。

资料来源：历年《中国统计年鉴》，中国统计出版社，1991—2010年。

为了能够更清楚的反映中国工资收入地区差距的总体变化情况，计算了1995—2010年全国各省市间平均工资的标准差，以衡量各省市间工资收入的绝对差距。图4-8清晰地表达了1995—2010年，中国各省区间工资收入绝对差距变化的动态过程。可以看出，1995—2005年，中国省际间平均工资的差异呈上升的趋势；2006—2008年，这种差异以较快的速度增大；2009年的标准差与2008年相差无几，但2010年省际间平均工资的标准差数值最大，增速与历年相比最快。总体上，省际间平均工资的差异呈持续上升的趋势，增幅较大。

4.2.3 就业的区域分布

2010年底全国经济活动人口数为78388万人，就业人员总人数是76105万人，其中城镇就业人员总量达到31120万人，比上年增加了910万人。就区域而言，改革开放以来，尤其是20世纪90年代以来，就业人员主要集中在东部沿海地区，东部沿海地区有吸引就业的巨大实力，三大区域间的就业存在明显不均。据统计，2010年中国就业总人口的40%以上分布在东部地区（1990—2010年全国及三大地区就业情况见表4-5，1990—2010年中国三大区域就业比重见图4-9）。

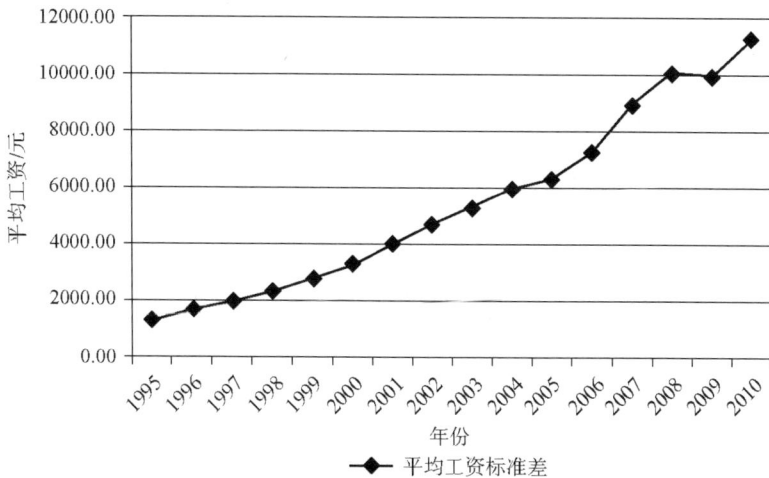

图4-8 1995—2010年全国各省、市、自治区平均工资的标准差情况

数据来源：根据历年《中国统计年鉴》及各省、市、自治区的统计年鉴资料整理得出。

表4-5 1990—2010年全国及三大地区就业情况

年份	就业量（万人）				就业占全国比重（%）		
	东部	中部	西部	总计	东部	中部	西部
1990	15332.30	22771.80	18635.30	56739.40	27.02	40.13	32.84
1991	22795.87	19788.60	14530.00	57114.47	39.91	34.65	25.44
1992	23168.33	20141.20	14838.52	58148.05	39.84	34.64	25.52
1993	23458.73	20464.90	15074.75	58998.38	39.76	34.69	25.55
1994	23809.83	20943.90	15326.14	60079.87	39.63	34.86	25.51
1995	24966.17	20423.10	16653.19	62042.46	40.24	32.92	26.84
1996	24933.53	20533.90	16746.30	62213.73	40.08	33.01	26.92
1997	25143.80	20940.80	16934.37	63018.97	39.90	33.23	26.87
1998	24610.29	20799.50	16962.02	62371.81	39.46	33.35	27.20
1999	24674.26	20892.00	17068.61	62634.87	39.39	33.36	27.25
2000	25037.33	21108.70	17231.28	63377.31	39.51	33.31	27.19
2001	25267.07	20953.49	17308.83	63529.39	39.77	32.98	27.25
2002	25550.44	21131.70	18982.90	65665.04	38.91	32.18	28.91
2003	26072.68	21309.57	19245.01	66627.26	39.13	31.98	28.88
2004	26889.05	21655.90	19675.52	68220.47	39.41	31.74	28.84
2005	27731.01	22082.70	20298.73	70112.44	39.55	31.50	28.95
2006	26821.05	23826.03	19809.70	70456.78	38.07	33.82	28.12
2007	29714.75	24159.16	18747.98	72621.89	40.92	33.27	25.82

年份	就业量(万人)				就业占全国比重(%)		
	东部	中部	西部	总计	东部	中部	西部
2008	29309.02	22737.02	19068.17	71114.21	41.21	31.97	26.81
2009	30404.53	23286.67	19391.47	73082.68	41.60	31.86	26.53
2010	31125.28	25192.08	20516.35	76833.70	40.51	32.79	26.70

资料来源：根据历年《中国统计年鉴》及各省、市、自治区的统计年鉴资料整理得出。

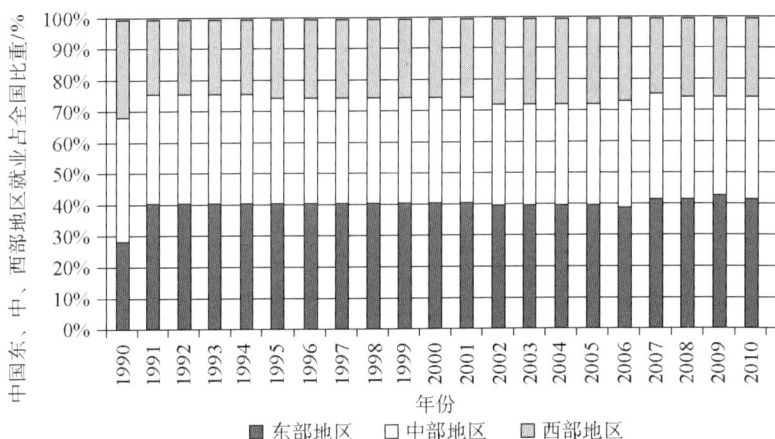

图4-9　1990—2010年中国东、中、西部地区就业占全国比重
资料来源：根据表4-5中的数据计算得出。

从图4-9可以看出，就东部地区与中、西部地区比较而言，东部地区就业比重始终占40%以上，且处于上升状态，而中、西部地区的就业比重合计不到60%，且处于下降状态；就中部地区与西部地区比较而言，中部地区就业比重大于西部地区就业比重，年平均比重超过33%。下面为了更好地反映中国三大区域之间的就业差距，利用标准差来说明。表4-6反映出中国就业的区域差距十分明显。2010年东、中、西部地区就业人数的平均值分别为2943万人、3149万人、1752万人，三个地区间，尤其是东部地区与中、西部地区之间的就业差距相当大。就业主要集中在以广东、山东、江苏、河北、浙江等为代表的东部沿海地区；中部地区就业主要集中在河南、湖南、安徽等少数几个省份；西部地区普遍就业较少。

表4-6　各省份1990和2010年就业人数（单位：万人）

东部	1990年	2010年	中部	1990年	2010年	西部	1990年	2010年
北京	646	1318	山西	1338	1743	内蒙古	925	446
天津	461	521	吉林	1161	3847	四川	5872	6909
河北	3027	3790	黑龙江	1431	2306	贵州	1652	2402
辽宁	1890	2238	安徽	2827	6042	云南	1952	2814
上海	764	925	江西	1805	3117	西藏	109	175
江苏	3690	4732	河南	4150	4008	陕西	1599	1952
浙江	2541	3989	湖北	2521	1185	甘肃	1061	1432
福建	1348	2181	湖南	3181	2945	青海	206	294
山东	4137	5655				宁夏	211	326
广东	3216	5777				新疆	606	853
海南	304	1249				广西	2109	1665
平均	2011	2943	平均	2149	3149	平均	1474	1752
标准差	1325	1922	标准差	1052	1520	标准差	1696	1935

注：重庆市的数据包含在四川省内。

资料来源：历年《中国统计年鉴》，中国统计出版社，1991—2010年。

　　为了反映中国地区差距的总体变化情况，计算全国各省区间就业总人数的标准差，其中标准差用来衡量各省际间的就业的绝对差距。图4-10清晰地表达了1990—2010年，中国各省区间绝对差距变化的动态过程。图中横轴代表年份，左边的纵轴代表标准差。

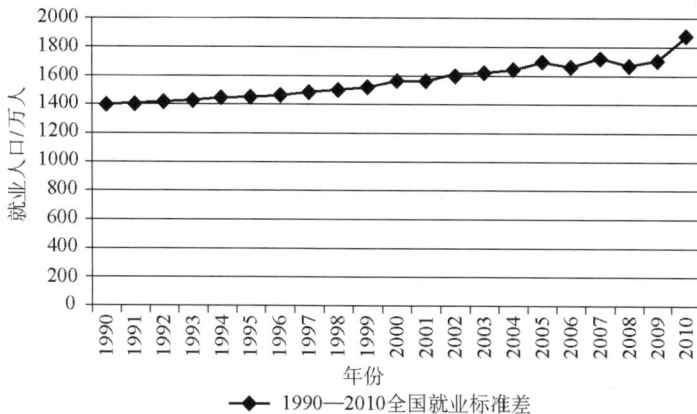

图4-10　1990—2010年中国省际就业绝对差距变化趋势

注：标准差的计算采用各省区的就业总人数。

资料来源：历年《中国统计年鉴》，中国统计出版社，1991—2010年。

标准差曲线向右上方倾斜的走势说明，1990—2009年中国各省际就业的绝对差距在持续扩大。1990年，中国省际就业标准差为1398万人，2010年这一指标达到了1876.71万人，19年间中国省际就业的绝对差距持续扩大了1.33倍。另外，根据标准差曲线的走势，很容易观察到，在2000年以前，中国省际绝对就业差距扩大的速度比较平缓，在2000年以后，绝对差距扩大的速度则呈加速之势。由此可以得出，改革开放尤其是20世纪90年代以来，中国东、中、西三大区域之间的就业存在明显的不均，且差距较大，尤其是东部地区与中、西部地区之间就业分布相当不均的结论。东部地区是中国就业的主要集中地，中部地区其次，西部地区最少的结论。下面以三大区域劳动力的区域供求状况来进一步说明就业的区域差异（见表4-7）。

表4-7　劳动力的区域供求状况（以求人倍率代表）

时间	东部	中部	西部
2010年第一季度	1.07	1.00	1.01
2010年第二季度	1.00	0.98	1.01
2010年第三季度	1.01	0.96	0.95
2010年第四季度	1.02	1.02	0.97
2011年第一季度	1.09	1.05	1.07
2011年第二季度	1.08	1.07	1.04

资料来源：中国劳动力市场网站，占职工比例指这些定点城市拥有的市区从业人员占全国地级以上市区从业人员的百分比。按照中国劳动力市场信息网监测中心给出的解释，求人倍率=需求人数/求职人数。

从表4-7的数据可以看出，中国区域就业存在明显的差异。东部地区的劳动力需求始终大于供给，城镇从业人员主要集中在广东、山东、江苏、浙江、辽宁等省份。这说明目前来看，东部地区仍然是吸纳就业人员的主要地区，2011年开始中西部地区的求人倍率大于1，这说明中、西部地区将逐渐成为承接东部地区劳动力转移的主要区域。

4.3　本章小结

中国劳动力总量规模庞大，但劳动力结构不合理，其中农村劳动力所占比重较大，且比重呈逐年递减趋势，农村劳动力地域分布范围广。劳动力的特殊性导致了他们在就业转移时也呈现出一些独有的特点：不同地区的劳动力就业转移有明显的差异性，中部地区转移流出的劳动力最多，就业转移的流向主要是东部地区；60%以上的劳动力在地级以上的大中城市寻找就业机会，且大部分劳动力从事制造业、建筑业和服务业。理论研究表明，大规模投资对劳动力的流向和规模均可以产生较大的影响。外商直接投资的流入也可以影响到劳动力的就业转移。在世界经济增长和全球化进程加快的同时，地区之间的差距依然存在，并且在某些层面上继续扩大。本章首先根据2000年和2010年的两次全国人口普查数据，比较分析了人口迁移的区域特征。然后从描述FDI流入、工资收入和就业在三大地区间的差异现状入手，通过历年的标准差数据揭示了三者区域差异的变化趋势，使用泰尔指数对三者的区域差异的影响因素进行分解，这进一步呼应了FDI流入→收入分配差距→就业转移的分析框架。

通过上述分析，我们得出四点结论：第一，就业状况是一个地区就业格局的静态反映，就业人口的跨区域流动是区域就业结构相对变化的动态表现形式。中国人口流动和劳动就业转移的区域特征比较明显，主要表现为区域间人口的迁移，区域间的迁移集中体现为劳动力由中、西部地区向东部沿海地区转移；第二，无论是数量上还是比重上，目前中国吸收的外商直接投资仍然集中在东部地区，东部地区FDI的变动趋势基本与全国FDI走势相一致。近年来，中西部地区引资数额也有了较大的增长，但与东部地区相比还是存在较大的差距，这种区域分布不均衡状态在短期内难以改变，省际间FDI的差异呈持续上升的趋势；第三，省际间平均工资的差异呈持续上升的趋势，且增幅较大；第四，中国就业的区域差距十分明显。三个地区间，尤其是东部地区与中、西部地区之间的就业差距相当大。

第5章 FDI流入、区域差距及就业转移变迁

我国的就业问题不仅表现为宏观上失业人数和失业率的居高不下，而且也反映在区域就业分布的极度不平衡。这种区域就业的差异已成为影响经济持续增长和社会稳定的重大问题。造成这种就业区域差异的原因很多，其中外商直接投资（FDI）是一个不容忽视的重要变量（杨云彦，2003；朱金生，2005）。FDI在我国的区域分布差异较大，导致我国区域就业结构呈现出明显的差异：一方面劳动力大量往东部沿海聚集和转移，造成东部就业与中、西部就业的差距扩大；另一方面引起的"民工潮"和"用工荒"等社会问题。就业差异问题的严峻性使得越来越多的学者呼吁把促进就业均衡作为国民经济和社会发展战略的出发点和国家宏观调控的重要目标（杨宜勇，2007；蔡昉，2007）。

鉴于就业在一国经济社会、政治中的特别意义，专门针对FDI与就业的研究成果日丰。一些学者对FDI的就业结构效应进行研究，认为：FDI就可以增加东道国的就业量并影响就业结构（Peter，2007），FDI与就业结构有显著相关性（Tomasz，2003）。Chan、Zhang（1999）的研究表明：外商直接投资对东部沿海地区就业的正效应较大，对中西部地区的就业效应不明显。

国内学者主要就FDI的就业正负效应、数量和质量效应、结构效应做了一些有益的探索。FDI的流入为我国劳动者提供了更多的就业岗位，使我国就业总量增加。从这个角度来说，FDI对就业产生了正效应（蔡昉、王德文，2004；丁明智，2005；张亚斌，2009），FDI与我国就业之间存在长期均衡关系（沙文兵、陶爱萍，2007）。随着FDI流入在不同区域上的倾

斜，其对就业产生的区域差异性影响越来越显著。郑月明、董登新（2008）通过实证分析得出，对东部地区而言，FDI对就业有显著的负效应，而对中、西部地区就业的效果不明显。外商直接投资对国内就业弹性呈现出从东部往西部递增的趋势（蔡兴等，2009）。

前人的研究分别通过不同的角度对FDI与就业关系做出积极的探索和有益的尝试，但从现有的相关研究来看，仍存在以下不足：未能全面考察FDI流动所引致的区域就业差异，缺乏从理论和实证上深刻揭示FDI流动与就业差异的关联。基于此，对就业区域差异的度量及成因分析是本章的研究重点。本部分结合我国1995—2010年的31省市的面板数据，利用泰尔指数分析我国就业的区域差异及影响因素，采用固定替代弹性生产函数（ConstantElasticity of Substitution，CES）生产函数推导出的就业理论模型，构建FDI与就业的计量模型，区别传统的3大区域划分，将全国细分成7大区域，实证研究FDI差异对区域就业差异的影响，揭示了区域就业差异的成因。最后提出如何合理利用外资促进我国就业均衡增长的政策建议。

5.1　区域差异与就业转移的差异测度

5.1.1　FDI的区域差异因素分解❶

由4.2节的分析看出，中国FDI在东、中、西三大地区的分布极不平衡。这一部分，我们将重点考查FDI在三大地区分布不均衡的程度，及其在各区域内部和区间的差异。度量区域差异的方法有很多，本文选取泰尔指数放第一次出现处的方法来度量FDI在中国三大地区分布的差异。

用泰尔指数来衡量不平等状况的一个最大优点是，它可以衡量组内差距和组间差距对总差距的贡献。泰尔指数是可以将整体差异划分成组内和组间差异，被广泛的应用于区域整体差异及区域间差异的研究。也就是

---

❶ FDI和就业区域差异的泰尔指数由杨丽协助算出，在此表示感谢。

说，泰尔指数越大，表明研究对象的差异越大，其计算公式为

$$T = \sum_{i=1}^{n} Y_i \log \frac{Y_i}{X_i} \qquad (5-1)$$

本书计算FDI在中国三大地区分布的总差异时，式（5-1）中 i=东、中、西，X_i表示 i 地区的国土面积占全国总国土面积的比重；Y_i表示 i 地区的FDI占全国总FDI的比重。利用泰尔指数，我们可以将FDI在三大地区分布的区域总差异进一步分解成区间差异和区内差异，容易得出区域总差异等于区间差异与区内差异之和，即

$$T_{总}=T_{区间}+T_{区内} \qquad (5-2)$$

$$T_{区内} = \sum_{g=东,中,西} Y_g T_g \qquad (5-3)$$

其中，Y_g表示 g 地区FDI占全国总FDI的比重；T_g表示 g 地区的泰尔指数；T_g是将各区域所包含的省、市、自治区的FDI比重和国土面积代入泰尔指数的原始计算公式中分别计算得出。最后，将区域总差异减去区内差异即得到区间差异。利用相关数据，借助泰尔指数计算得出1990—2010年中国三大地区FDI分布差异的区内、区间和总的泰尔指数（见表5-1）。

表5-1　1990—2010年中国三大地区FDI分布差异的泰尔指数及分解

年份	$Y_东$	$T_东$	$Y_中$	$T_中$	$Y_西$	$T_西$	$T_{区内}$	$T_{区间}$	$T_总$
1990	0.9387	0.3431	0.0353	0.0560	0.0260	0.6264	0.3404	0.7325	1.0729
1991	0.9246	0.2905	0.0444	0.0940	0.0310	0.6913	0.2942	0.7080	1.0022
1992	0.9130	0.2299	0.0677	0.0817	0.0193	0.6401	0.2278	0.7036	0.9315
1993	0.8883	0.2040	0.0758	0.0750	0.0359	0.4973	0.2047	0.6567	0.8615
1994	0.8783	0.2397	0.0773	0.0822	0.0443	0.5691	0.2421	0.6376	0.8797
1995	0.8771	0.2611	0.0906	0.0575	0.0323	0.5091	0.2507	0.6476	0.8983
1996	0.8804	0.2913	0.0935	0.0498	0.0262	0.4832	0.2737	0.6580	0.9317
1997	0.8612	0.2801	0.1031	0.0384	0.0358	0.6273	0.2676	0.6271	0.8947
1998	0.8759	0.2601	0.0931	0.0626	0.0310	0.5524	0.2508	0.6477	0.8985
1999	0.8803	0.2826	0.0906	0.0829	0.0291	0.5109	0.2711	0.6547	0.9258
2000	0.8807	0.2694	0.0877	0.0993	0.0316	0.5242	0.2625	0.6524	0.9149
2001	0.8784	0.2928	0.0898	0.1169	0.0319	0.5332	0.2847	0.6495	0.9342
2002	0.8719	0.4329	0.0693	0.1283	0.0588	0.0229	0.3876	0.6190	1.0066

续表

年份	$Y_东$	$T_东$	$Y_中$	$T_中$	$Y_西$	$T_西$	$T_{区内}$	$T_{区间}$	$T_总$
2003	0.8742	0.4444	0.0718	0.1746	0.0540	0.3310	0.4189	0.6252	1.0441
2004	0.8445	0.3633	0.0966	0.1699	0.0589	0.3282	0.3425	0.5881	0.9306
2005	0.8272	0.3774	0.1151	0.1299	0.0577	0.3427	0.3469	0.5717	0.9187
2006	0.8148	0.3704	0.1232	0.1024	0.0620	0.2992	0.3330	0.5561	0.8891
2007	0.8256	0.4377	0.1172	0.0925	0.0572	0.2839	0.3885	0.5706	0.9591
2008	0.8612	0.3572	0.0896	0.0694	0.0491	0.3026	0.3288	0.6143	0.9430
2009	0.8585	0.3552	0.0943	0.0700	0.0473	0.2989	0.3256	0.6129	0.9386
2010	0.8602	0.3568	0.0948	0.0698	0.0486	0.3012	0.3248	0.6156	0.9406
均值	0.8721	0.3209	0.0867	0.0906	0.0413	0.4417	0.3032	0.6357	0.9389

数据来源：根据历年《中国统计年鉴》和各地方统计年鉴公布数据自行计算得出。

由表5-1可知，东部地区泰尔指数所占比重较高，均值为87.21%；其次是中部地区，均值为8.67%；最后，西部地区均值为4.13%。这与就业在中国的空间分布格局类似。从衡量地区间FDI分布差异的泰尔指数来看，1990—2010年中国三大地区FDI的T总均值为0.9389。这种总差异可以进一步分解为三大地区的区间差异和区内差异，平均差异分别为0.6357和0.3032，其中区间差异对总差异的贡献率为67.71%，区内差异对总差异的贡献率为32.29%。因此，FDI区域总差异主要是由区间差异导致的。

5.1.2 收入分配的区域差异及因素分解

随着外资的大量流入和对外开放程度的提高，中国经济高速成长，这使得国内收入不平等的程度大幅提高。针对中国特殊的经济体制和独有的经济结构特征，学者们对中国居民收入差距问题开展了日益深入和系统性的研究。基尼系数是应用最广泛的衡量收入不平等的指标。基尼系数的值介于0~1之间，当值为0时，表明分配完全平均，当值为1时，表明分配极其不平衡，即基尼系数越大，表明区域之间的差异越大。近年来，地区间收入差距呈现扩大趋势。地区间的收入差距可以表现为两个方面，一种是省际之间的比较，另一种是按东部、中部和西部三大地区或其他划分区域的方式研究区域之间的收入差距，学者们通常倾向于后者的方式。Kanbur和Zhang（2005）、李实和岳希明（2004）、江小涓（2005）的研究均表明，1978—1990年之前，中国地区间的收入差距呈缩小趋势，但1990年以后，随着经济发展和对外开放水平的深入，中国东、中、西部区域间的收入差距呈现出逐年扩大趋势。

尽管应用广泛，但基尼系数表现的是一个整体的差距，它不能分别体现出组内差距和组间差距对整个差距的贡献程度，而泰尔指数正是测算区域内与区域间收入差距的一个合适的工具。根据泰尔指数的计算公式，同样可以计算出平均工资区域差距的泰尔指数及其形成因素（见表5-2）。

表5-2　1995—2010年中国三大地区工资收入差异泰尔指数及其形成因素分解

年份	$Y_东$	$T_东$	$Y_中$	$T_中$	$Y_西$	$T_西$	$T_{区内}$	$T_{区间}$	$T_总$
1995	0.4000	0.9173	0.2195	0.0900	0.3805	0.1542	0.4453	0.7194	1.0999
1996	0.3978	0.9492	0.2162	0.0926	0.3860	0.1319	0.4485	0.7086	1.0945
1997	0.3962	0.9552	0.2075	0.0906	0.3963	0.1327	0.4498	0.6904	1.0866
1998	0.4028	0.9713	0.2090	0.0741	0.3882	0.1395	0.4609	0.7093	1.0976
1999	0.4075	1.0083	0.2069	0.0701	0.3856	0.1398	0.4793	0.7180	1.1035
2000	0.4105	1.0091	0.2020	0.0681	0.3875	0.1411	0.4827	0.7176	1.1052
2001	0.4066	1.0208	0.1971	0.0686	0.3962	0.1363	0.4826	0.7002	1.0964
2002	0.4024	1.0081	0.1969	0.0728	0.4007	0.1210	0.4685	0.6891	1.0898
2003	0.4062	1.0264	0.1983	0.0755	0.3955	0.1176	0.4784	0.7009	1.0964
2004	0.4042	1.0303	0.2002	0.0803	0.3956	0.1204	0.4801	0.6987	1.0944
2005	0.4059	1.0447	0.2077	0.0838	0.3864	0.1386	0.4950	0.7151	1.1015
2006	0.4034	1.0813	0.2087	0.0867	0.3879	0.1495	0.5123	0.7104	1.0983
2007	0.3924	1.1012	0.2101	0.0904	0.3975	0.1477	0.5098	0.6850	1.0825
2008	0.3943	1.1092	0.2116	0.0908	0.3941	0.1565	0.5183	0.6923	1.0864
2009	0.3900	1.0598	0.2148	0.0925	0.3952	0.1639	0.4980	0.6866	1.0819
2010	0.3888	1.0692	0.2169	0.0975	0.3943	0.1673	0.5028	0.6873	1.0815
均值	0.4006	1.0226	0.2077	0.0828	0.3917	0.1411	0.4820	0.7018	1.0935

数据来源：根据历年《中国统计年鉴》和各地方统计年鉴公布数据自行计算得出。

从衡量地区间工资收入差异的泰尔指数来看，1995—2010年中国三大地区平均工资的T总均值为1.0935。这种总差异，可以进一步分解为三大地区的区间差异和区内差异，平均差异分别为0.7018和0.4820，其中区间差异对总差异的贡献率为59.28%，区内差异对总差异的贡献率为40.72%。可以看出，工资收入的区域总差异主要是由区间差异导致的。从变动趋势上看，1995—2010年，中国工资收入的泰尔指数是波动变化的，但整个的趋势是波动上升的，说明中国区域间收入差距呈不断扩大的趋势，这与蔡昉、都阳（2000）的研究结论一致（见图5-1）。

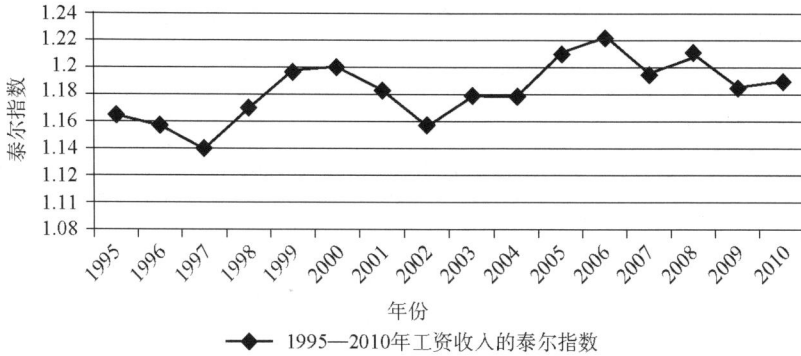

图5-1　1995—2010年中国工资收入的泰尔指数

资料来源：根据表5-2中的数据计算得出。

5.1.3　就业的区域差异及因素分解

同理，泰尔指数可以将区域就业差异分解成区间差距和区内差距，得出1990—2010年中国三大地区就业差异的泰尔指数（见表5-3）。

表5-3　1990—2010年中国三大地区就业差异泰尔指数及其形成因素分解

年份	$Y_东$	$T_东$	$Y_中$	$T_中$	$Y_西$	$T_西$	$T_{区内}$	$T_{区间}$	$T_总$
1990	0.5082	0.1163	0.3169	0.0440	0.1749	0.2671	0.1198	0.2736	0.3934
1991	0.5066	0.1110	0.3151	0.0426	0.1783	0.2720	0.1182	0.2702	0.3884
1992	0.5073	0.1036	0.3162	0.0455	0.1765	0.2736	0.1152	0.2720	0.3872
1993	0.5034	0.0988	0.3211	0.0541	0.1755	0.2762	0.1156	0.2716	0.3872
1994	0.5051	0.0923	0.3188	0.0547	0.1762	0.2799	0.1133	0.2715	0.3849
1995	0.4922	0.0884	0.3255	0.0576	0.1823	0.2915	0.1154	0.2624	0.3778
1996	0.4918	0.0855	0.3115	0.0604	0.1967	0.3248	0.1247	0.2504	0.3751
1997	0.4874	0.0898	0.3206	0.0686	0.1920	0.3542	0.1337	0.2528	0.3866
1998	0.4863	0.0833	0.3163	0.0769	0.1974	0.3594	0.1358	0.2481	0.3838
1999	0.4908	0.0823	0.3096	0.0749	0.1996	0.3589	0.1352	0.2477	0.3829
2000	0.4900	0.0775	0.3061	0.0822	0.2039	0.3688	0.1383	0.2441	0.3824
2001	0.4934	0.0791	0.3021	0.0850	0.2045	0.3673	0.1398	0.2447	0.3845
2002	0.4941	0.0865	0.3004	0.0870	0.2055	0.3722	0.1454	0.2441	0.3895

年份	$Y_{东}$	$T_{东}$	$Y_{中}$	$T_{中}$	$Y_{西}$	$T_{西}$	$T_{区内}$	$T_{区间}$	$T_{总}$
2003	0.4986	0.0911	0.2949	0.0934	0.2065	0.3757	0.1505	0.2448	0.3954
2004	0.5018	0.0914	0.2944	0.0935	0.2038	0.3766	0.1502	0.2480	0.3981
2005	0.5086	0.0924	0.2891	0.0987	0.2023	0.3776	0.1519	0.2515	0.4034
2006	0.5580	0.0929	0.3299	0.0936	0.1121	0.3643	0.1236	0.3502	0.4738
2007	0.5268	0.0961	0.2918	0.1055	0.1813	0.3508	0.1450	0.2745	0.4196
2008	0.5261	0.0985	0.2922	0.1062	0.1817	0.3494	0.1463	0.2740	0.4203
2009	0.5271	0.0966	0.2935	0.1097	0.1795	0.3462	0.1453	0.2761	0.4214
2010	0.5286	0.0978	0.2946	0.1102	0.1801	0.3473	0.1468	0.2778	0.4228
均值	0.5063	0.0929	0.3076	0.0783	0.1862	0.3359	0.1338	0.2643	0.3980

数据来源：根据历年《中国统计年鉴》和各地方统计年鉴公布数据自行计算得出。

由表 5-3 可知，东部地区就业量占全国的比重最高，平均为 50.63%；其次是中部地区，平均比重为 30.76%；最后是西部，平均占比为 18.62%。从衡量地区间就业差异的泰尔指数看，1990—2010 年中国三大地区的就业 T 总均值为 0.3980，这种总差异可以进一步分解为三大地区间和三大地区内的差异，其中区间差异均值为 0.2643，区内差异为 0.1338，区间差异对总差异的贡献度为 66.40%，区内差异对总差异的贡献度为 33.61%。因而，考察期内，区域就业总差异主要是区间差异造成的。

5.2 实证模型及数据说明

5.2.1 理论框架

本书沿用 Waldkirch 和 Nunnenkamp（2009）的分析框架，采用 CES 生产函数推导出理论模型。因为传统分析采用的柯布-道格拉斯（C-D）生产函数假定劳动与资本的替代弹性为 1，而在现实经济中，劳动与资本的替代弹性往往不等于 1，因而使用 C-D 生产函数推导显得不妥。根据 CES 生产函数，假设一个国家的代表性厂商的弹性生产函数为

$$Y = A\left[\delta_1 K^{-\rho} + \delta_2 L^{-\rho}\right]^{-\frac{m}{\rho}} \tag{5-4}$$

其中，K为资本存量；L为劳动力总量；A为生产效率系数，是广义技术进步水平的反应，$A>0$；δ_1、δ_2为份额参数；ρ为替代参数，取值范围为$-1<\rho<\infty$；m为规模报酬参数。设资本的价格为c，劳动力的价格即工资为w，则厂商的获利为

$$\pi = P*A\left[\delta_1 K^{-\rho} + \delta_2 L^{-\rho}\right]^{-\frac{m}{\rho}} - (L*C + K*W) \tag{5-5}$$

在完全竞争的情况下，利用利润最大化的条件，令L和K的一阶导数为零，可得

$$PA(-B)\left(\delta_1 K^{-\rho} + \delta_2 L^{-\rho}\right)^{-B-1}\delta_2(-\rho)L^{-\rho-1} - W = 0 \tag{5-6}$$

$$PA(-B)\left(\delta_1 K^{-\rho} + \left(\frac{\delta_1 W}{\delta_2 C}\right)^{-\rho-1}L\delta_2 L^{-\rho}\right)^{-B-1}\delta_1(-\rho)K^{-\rho-1} - C = 0 \tag{5-7}$$

根据式（5-5）和式（5-6），解出：

$$K = \left(\frac{\delta1 W}{\delta2 C}\right)^{-\rho-1} L \tag{5-8}$$

将式（5-8）代入式（5-4）中，整理得

$$Y = A\left\{L^{-\rho}\left[\delta_1\left(\frac{\delta_1 W}{\delta_2 C}\right)^{\rho(\rho+1)} + \delta_2\right]\right\}^{-\frac{m}{\rho}} \tag{5-9}$$

外商直接投资的增加会提升国内企业的相互竞争压力，也会对国内产业产生技术溢出或技术挤出效应，影响平均劳动生产率，从而会间接影响劳动的需求，即FDI流动会影响生产效率系数。因此，

$$令\ A = Be^{\lambda t}\text{FDI} \tag{5-10}$$

将式（5-10）代入式（5-9）后左右两边取对数，解出劳动力需求的函数为

$$\ln L = \frac{m}{\rho}\ln B + \frac{m}{\rho}\ln \delta_1 + \frac{m}{\rho}T + \frac{m}{\rho}\ln \text{IFDI} + \theta_1 - \ln Y \tag{5-11}$$

其中，$\theta_1 = \left(-\dfrac{m}{\rho}\right)\ln \delta_1\left[\left(\dfrac{\delta_1 W}{\delta_2 C}\right)^{\rho(\rho+1)} + \delta_2\right]$

$$\theta_1 \approx -m(\rho+1)\ln\left(\frac{\delta_1}{\delta_2}\right) - m(\rho+1)\ln\left(\frac{W}{C}\right)$$

因此，得到就业需求的方程为

$$\ln L_t = a_0 + a_1 \ln FDI_t + a_2 \ln GDP_t + a_3 \ln(W/C)_t + a_4 T_t + \varepsilon_t \qquad (5-12)$$

由于资产价格（C）难以准确度量，本书假设它为常数，没有考虑它对劳动需求的影响。因而，式（5-12）可以变换为

$$\ln L_t = a_0 + a_1 \ln FDI_t + a_2 \ln GDP_t + a_3 \ln W_t + a_4 T_t + \varepsilon_t \qquad (5-13)$$

由此得到了就业的决定模型。该模型反应了FDI流动、经济发展、要素价格及时间趋势与就业的关联。下文将依据该模型，结合我国相关数据实证研究FDI流动对区域就业的影响。

5.2.2 模型构建

本书对变量的估计采用面板数据模型估计的方法。根据上述分析，面板模型的基本形式是

$$\ln L_{it} = a_i + \beta_{1i} \ln FDI_{it} + \beta_{2i} \ln GDP_{it} + \beta_{3i} \ln W_{it} + \beta_{4i} T_{it} + \varepsilon_{it} \qquad (5-14)$$

其中，$i=1,2,\cdots,n$ 为横截面单元；$t=1,2,\cdots,N$ 为时序期数；$\ln L_{it}$ 为就业区域差异；$\ln FDI_{it}$、$\ln GDP_{it}$、$\ln W_{it}$、T_{it} 分别为 i 截面 t 期的 FDI 差异、GDP差异、工资差异和时间因素变量。ε_{it} 为随机扰动项，表示其他所有未能考虑在模型内的变量的综合影响，它独立地服从分布：$E(\mu_{it})=0$，$\mathrm{var}(\mu_{it})=\sigma^2$。

面板数据模型的系数和截距可能会随着时间点截面的不同而变化，具体分为三种类型：

（1）无时间截面影响的不变系数模型：

$$\ln L_{it} = \alpha + \beta_1 \ln FDI_{it} + \beta_2 \ln GDP_{it} + \beta_3 \ln W_{it} + \beta_4 T_{it} + \varepsilon_{it} \qquad (5-15)$$

（2）含有时间截面影响的不变系数模型：

$$\ln L_{it} = a_i + \beta_1 \ln FDI_{it} + \beta_2 \ln GDP_{it} + \beta_3 \ln W_{it} + \beta_4 T_{it} + \varepsilon_{it} \qquad (5-16)$$

（3）变系数模型：

$$\ln L_{it} = a_i + \beta_{1i} \ln FDI_{it} + \beta_{2i} \ln GDP_{it} + \beta_{3i} \ln W_{it} + \beta_{4i} T_{it} + \varepsilon_{it} \qquad (5-17)$$

分别对式（5-15）~式（5-17）进行最小二乘法（OLS）估计，结果见表5-4。

表5-4　含有11个时期截面方程的面板数据模型的识别

项目	S_1	S_2	S_3	F_1	F_2
FDI与就业区域差异	13.7336	0.0524	0.3874	569.8743	17.8615

首先假设模型为变截距模型，计算可知F_2大于置信度为95%下的同分布临界值，因而拒绝原假设（混合模型）；继续检验F_1，其值大于置信度为95%下的同分布临界值，因而拒绝原假设（变截距模型），故应采用式（5-17），即变系数回归模型。在确定采取变系数模型后，还需要确定模型是固定效应还是随机效应。Hausman检验结果表明在1%的显著性水平下不可观测效应与解释变量不相关，即拒绝模型为随机效应的原假设，为固定效应模型。基于此，结合变系数模型的检验结果进行综合考虑，最终选择固定效应模型（见表5-5）。由此可知，固定效应变系数模型是我们检验FDI与就业区域差异的最终模型。

表5-5　模型形式及固定（随机）效应检验结果

检验方法	原假设	统计量	自由度	P值	检验结果	结论
F检验(F_2)	混合模型	17.8615	(30,67)	—	非混合模型	固定效
F检验(F_1)	变截距模型	569.8743	(24,67)	—	变系数模型	应变系
Hausman检验	随机效应	41.8776	7	0.0000	固定效应	数模型

5.2.3　数据来源及说明

考虑到数据的可得性，本书选取1995—2010年我国31省份的数据。原始数据均来源于历年《中国统计年鉴》《中国对外经济贸易年鉴》和联合国贸发会的外国直接投资和跨国公司数据库。将全国分成七大区域，对区域内各变量的时间序列数据取标准差衡量差异。由于FDI流入流出额和进出口额均是以美元为单位，因此采用当年人民币对美元的中间汇率折算成人民币的金额进行计算。重庆市于1997年成为直辖市，为便于分析和数据的连贯性，将其数据纳入四川省一并进行计算。

本书中分析时未包含中国的台湾省、香港和澳门地区的数据。

5.3 实证结果及分析

确定了模型的具体形式及效应后，利用计量软件 Eviews 6.0 对其进行估计，为了修正序列相关，引入一阶自回归 AR（1），面板估计结果见表5-6。

表5-6 1990—2010年我国七个地区FDI区域差异的就业效应估计结果

变量	东北	华北	华东	华中	华南	西北	西南
C	−22.9738**	35.9976**	10.9733**	−9.1329**	−5.5180**	5.3285**	16.5316**
	（0.0257）	（0.0257）	（0.0257）	（0.0257）	（0.0257）	（0.0257）	（0.0257）
lnFDI	0.0102*	−0.0038**	0.0130**	−0.0748***	0.0667***	0.0197**	0.0119**
	（0.0955）	（0.0475）	（0.0496）	（0.0000）	（0.0000）	（0.0221）	（0.0354）
lnGDP	2.0896***	−0.0384	−0.6176	0.865	0.85	0.0642	−0.5791**
	（0.0000）	（0.8872）	（0.2056）	（0.1522）	（0.1916）	（0.8506）	（0.0151）
ln$W$	1.6649***	−0.7517	0.8050**	−0.2242	0.3875	−0.0032	−0.0292
	（0.0006）	（0.7517）	（0.0253）	（0.5888）	（0.2922）	（0.9941）	（0.4904）
T	0.0084***	−0.0198	−0.0076***	0.0027*	0.0002	−0.0049***	−0.0098***
	（0.0000）	（0.3161）	（0.0094）	（0.0506）	（0.952）	（0.0005）	（0.0000）
AR（1）	0.8632***	0.7784***	−0.41	0.1627	0.4696	−0.4929	0.1176
	（0.0000）	（0.0000）	（0.5324）	（0.7271）	（0.1956）	（0.5679）	（0.261）
模型效应	固定	固定	固定	固定	固定	固定	固定
R^2=0.9982；修正 R^2=0.9970；D.W.=2.3807								

***、**、*分别表示在1%、5%、10%的水平上显著；括号内为 P 值。

从整体上看，七大区域的回归方程的拟合判定系数较高，说明模型拟合程度较好，模型成立。下面分别对各系数的结果进行分析。

lnFDI的系数度量了FDI差异对就业差异的影响，是本书重点关注的变量。由回归结果知：FDI差异对东北、华东、华南、西北、西南地区就业差异的效应为正，对华北、华中就业差异的效应为负，结果均显著。正效应表明FDI加大了地区间的就业差异，负效应表明FDI缩小了地区间的就业差异。从整体上看，FDI加大了东、西部地区的就业差异，缩小了中部地区的就业差异。这是因为，改革开放以来，FDI大量流入我国东部沿海地区，带来了新的产品和服务，加速该地区的经济发展，创造了大量的就业机会，吸引劳动力向东部地区转移，而西部地区大量的劳动力集中在第一产业，外资的进入带来技术和要素的升级，资本对劳动的替代效应明显，因而FDI流入加大了东、西部地区的就业差异；对于中部地区来说，中部目前正面临承接产业转移的形势，FDI流入通过技术溢出促动内资企业技术提高，带动内资企业与外资企业形成良性竞争和互动，促进劳动就业市场繁荣，从而缩小该地区的就业差异。这与现实情况相符。

$\ln GDP$的系数表示经济发展差异与就业差异的关联。经济发展差异对东北、华中、华南、西北地区的就业差异影响为正，对华北、华东、西南地区的就业差异影响为负。从宏观上看，投资依然是拉动我国经济增长的主要因素，增加全社会的固定资产投资有利于促进经济增长。经济增长能带来就业水平的提高，可以提供更多的就业机会，促进就业。不过，除东北和西南地区以外，该变量的估计结果未能通过显著性检验。因此，该变量的有何具体影响有待于日后扩大样本容量后作更深入的检验。

$\ln W$的系数表示工资差异对就业差异的影响。实证结果表明，工资差异对东北、华东、华南地区就业差异的影响为正，对华北、华中、西北、西南地区的就业差异的影响为负。从整体上看，工资差异缩小了中、西部地区的就业差异，加大了东部地区的就业差异，东部地区就业对工资的变化更敏感。这是因为，我国劳动力主要来源于中西部，由于东部沿海省市生活成本较高，劳动力由于待遇差别，生活水平较低等原因，从心理上讲，大量劳动力不愿到东部就业，这导致在一段时间内沿海企业出现招工难，这与当前我国就业的现实情况相符。毕竟，工资是就业的指挥棒，外资企业的进入带来相对较高水平的工资，较高的工资可以弥补东部地区生存劣势等客观条件，吸引劳动力向高收入地区转移，从而加大了东部地区的就业差异。同时，中西部地区国有制企业较多，由于外企与国企的工资形成机制上的差异，中西部地区工资差异对就业差异影响不显著。尽管如此，不能通过显著性检验的参数的实证效果还有待于进一步的检验。

时间 T 的系数衡量了时间因素对就业差异的影响。结果表明：东北、华中、华南地区的就业差异有扩大的趋势，华北、华东、西北、西南的就业差异有缩小的趋势，整体上，全国的就业区域差异呈缩小的趋势。

5.4 本章小结

就业的区域差异在很大程度上源于FDI在我国区域间的投资差异所带来的就业转移（朱金生，2005），区域间就业转移最终导致了就业结构变迁。我国就业量总体增长缓慢，就业形势变化主要表现在就业结构的变化。本书从就业区域结构视角，运用泰尔指数分解，分析就业和FDI在我国的空间分布差异及其因素，通过CES生产函数推导的理论模型，构建计量模型，通过面板数据估计，实证研究FDI区域差异对就业区域差异的影响。研究结果如下。

（1）从整体上看，FDI加大了东、西部地区的就业差异，缩小了中部地区的就业差异。具体表现为：FDI差异对东北、华东、华南、西北、西南地区就业差异的效应为正，对华北、华中就业差异的效应为负。工资差异缩小了中、西部地区的就业差异，加大了东部地区的就业差异，具体表现为：工资差异对东北、华东、华南地区就业差异的影响为正，对华北、华中、西北、西南地区的就业差异的影响为负，东部地区就业对工资的变化更敏感。

（2）从区域发展的趋势来看，FDI首先流入我国东部地区，进而向我国中、西部地区转移。随着FDI流入的增加，东部地区将成为吸纳就业人员的主要地区，并带动大量劳动力转移到此，但其吸纳就业人员的能力将严重下降。随着我国国家宏观经济政策的调整，政府加强对外资企业投资流向的引导，外商企业投资在我国中、西部地区的比重有所提高，中部地区将成为承接劳动力转移的重要地区。但由于FDI对就业作用的滞后性，使得区域就业不均衡的状况在短期内不会改变。长期来看中部未来可能会成为吸纳就业的主要区域之一。

（3）区域间FDI的差异导致了区域就业的差异，中部利用FDI的就业创造的效率最高，中部地区吸纳就业的能力比东、西部地区强，目前全国的就业形势表现为劳动力向中部转移。因此，从经济发展角度来说，我国政府的引资政策应该更倾向中部地区。总的来看，由于FDI进入的产业、区域、方式、动机及外溢效应发挥的差异性较大，加之各国的经济发展规律及宏观经济政策有其特殊性，因而其就业效应是呈复杂动态发展的。

总之，在复杂多变的国际形势下，为了提高FDI对中国的就业增长的正面效应，降低FDI流动引发的就业市场风险，中国应该保持谨慎的态度继续有序的开放资本市场，尽可能减缓经济周期剧烈波动下FDI频繁流动对就业均衡增长产生的负面影响。我国政府应继续坚持"引进来"策略，充分发挥FDI就业的创造效应；采取适当措施限制FDI继续进入中国饱和的市场，尽可能减少和避免其就业的替代和挤出效应；积极引导FDI流向，优化其就业的转移效应。同时实施一系列切实有效的引资措施来保障中国的就业均衡增长。

第6章　FDI流动对我国就业结构的动态效应[1]

　　FDI是全球化进程中产业链跨境延伸与世界经济整合的直接驱动力量。它的区域分布差异导致我国就业区域结构发展不均，从而导致就业区域结构的差异。国外有关FDI对母国就业的影响研究主要围绕其替代效应和促进效应来进行，形成了就业替代理论（Kravis、Lipsey，1988）、就业补充理论（Andersen、Hainant，1998）、就业差别论（Peter、Hongshik、Joonhyung，2010）等。一些学者和组织对FDI在东道国的就业效应从正负层面展开研究，并形成了积极贡献论（Todaro，1969；UNCTAD，1994）、差别论（Christoph，2005）、复合作用论（Santos-Paulino、Wan，2009）等。

　　国内关于FDI对就业的影响备受关注。FDI的进入为我国劳动者提供了更多的就业岗位，使得我国就业总量增加，这有利于缓解我国的就业压力。从这个角度来说，FDI对就业产生了正效应（牛勇平，2001；蔡昉、王德文，2004）。沙文兵、陶爱萍（2007）通过协整分析得出：长期而言，FDI与我国就业之间存在均衡关系。随着FDI流入在不同区域和不同产业上的倾斜，其对就业区域结构的影响越来越显著，越来越多的研究聚焦于就业结构。蔡兴等（2009）分析了外商直接投资对区域就业的影响，认为国内区域就业弹性呈现出从东部往西部递增的趋势。温怀德（2010）比较分析了入世前后FDI对我国就业区域结构的影响，认为FDI促进了就业的增加，但拉动作用在减弱，在我国加入WTO后，东部地区FDI对就业的拉动作用不再显著，而中、西部FDI显著促

———————————
　　[1] 本部分的实证分析结果与问金龙硕士共同计算得出，在此对她的工作表示感谢。

进就业。

综上所述，作为FDI理论的延伸和拓展，FDI与就业关系的探究始于发达国家，研究成果集中于全球化迅猛推进下跨国公司快速海外扩展期。西方学者较多关注FDI的母国就业影响，而国内主要侧重FDI对我国的就业福利得失。研究方法从理论归纳和演绎为主发展到实证分析见长。但从已有的相关研究进展来看，仍存在以下几方面的不足：① 主要是从FDI流动的单维角度研究它对就业的作用，缺乏从FDI流入、流出的双向二维层面探测其对东道国就业结构的综合效应；② 对FDI的就业结构效应研究不够深入，忽视从动态视角考察FDI在不同区域间流动所引致的就业冲击。本部分正是以此为切入点，运用VAR建模思想，结合协整分析和误差修正（VEC）模型，通过脉冲响应和方差分解的分析方法，分析了FDI流动与就业的长期均衡与短期波动的关系，通过脉冲响应分析揭示了FDI对区域就业动态作用的路径变化，以宏观表现FDI流入对就业区域结构与区域差异的影响，从而更深刻的揭示就业转移产生的根源，因为正是这种就业的区域差异导致了就业转移。

6.1　理论框架

本部分的理论框架为西姆斯（Smis，1980）提出的向量自回归模型即VAR模型。VAR模型是能够动态反应每个被解释变量都对自身及其他被解释变量的影响的向量自回归模型，从而将单变量自回归模型推广到由多元时间序列变量组成的向量自回归模型，它的一般形式为

$$Y_t = \sum_{i=1}^{p} A_i Y_{t-i} + B_i X_t + \varepsilon_i \qquad (6-1)$$

其中，Y_t为由第t期观测值构成的n维内生变量列向量；X_t为由t期观测值构成的m维外生变量行向量；A_i为$n \times n$系数矩阵，B_i是$n \times m$系数矩阵；ε_i是由随机误差项构成的n维列向量，其中随机误差项$\varepsilon_i (t=1,2,\cdots n)$为白噪声过程，且满足$E(\varepsilon_{it}\varepsilon_{jt})=0 (i,j=1,2,\cdots,n,且 i \neq j)$。

对某变量全部滞后项系数的联合检验能够反映该变量是否对被解释变量有显著的影响，但是不能反映这种影响的正负趋势，也不能反映这种影响发生作用所需要的时间。VAR模型的主要分析工具脉冲响应分析则可以解决这一问题，它度量的是被解释变量对单位冲击的响应。可以用于衡量随机扰动项的一个标准差冲击对内生变量当前和未来取值的影响，它能够形象地刻画出FDI对产业就业和区域就业动态作用的路径变化。

6.2　模型设定及数据说明

基于上一节中的理论框架，构建就业区域结构的计量模型：

$$
\begin{pmatrix}
\ln \mathrm{emp}_{et} \\
\ln \mathrm{emp}_{mt} \\
\ln \mathrm{emp}_{wt} \\
\ln \mathrm{FDI}_{t}
\end{pmatrix}
= \sum_{i=1}^{n} \Phi
\begin{pmatrix}
\ln \mathrm{emp}_{et-i} \\
\ln \mathrm{emp}_{mt-i} \\
\ln \mathrm{emp}_{wt-i} \\
\ln \mathrm{FDI}_{t-i}
\end{pmatrix}
\tag{6-2}
$$

式（6-2）中{emp$_{et}$}是东部地区就业人数序列；{emp$_{mt}$}是中部地区就业人数序列；{emp$_{wt}$}是西部地区就业人数序列。对个解释变量取对数以消除异方差的影响。由此得到FDI流入与就业量的实证模型。首先对模型各变量进行平稳性检验，在各变量满足同阶单整的前提下，对各变量进行协整检验和向量误差修正模型（VECM）估计，以得出变量的长期均衡与短期波动的关系，运用脉冲响应函数对各变量间的动态关系进行进一步分析。

数据选取方面，考虑到我国改革开放的环境和数据的可得性，选取1990—2010年我国的相关数据。原始数据均来源于历年《中国统计年鉴》和《中国对外经济贸易年鉴》。将中国大陆地区划分成东部、中部和西部三大区域。由于FDI流入额是以美元为单位，因此采用当年人民币对美元的中间汇率折算成按人民币的金额进行计算。重庆市于1997年成为直辖市，为便于分析和数据的连贯性，将其数据纳入四川省一并进行计算。

6.3 VAR模型的实证检验结果

6.3.1 变量的平稳性检验

为避免因模型变量非平稳而导致的伪回归问题，首先对几个变量进行平稳性检验，本书采用ADF检验法。结果如表6-1所示。

表6-1 相关指标的ADF检验

变量	t统计量	检验形式 (c, t, n)	P值	变量	t统计量	检验形式 (c, t, n)	P值
lnFDI	−1.89	$(c, t, 5)$	0.64	ΔlnFDI	−3.70	$(c, t, 5)$	0.04
$\ln(\text{emp}_e)$	−2.40	$(c, t, 5)$	0.37	$\Delta\ln(\text{emp}_e)$	−6.95	$(c, 0, 0)$	0.00
$\ln(\text{emp}_m)$	−2.86	$(c, t, 5)$	0.19	$\Delta\ln(\text{emp}_m)$	−7.15	$(c, 0, 0)$	0.00
$\ln(\text{emp}_w)$	−3.91	$(c, t, 5)$	0.03	$\Delta\ln(\text{emp}_w)$	−4.82	$(c, 0, 0)$	0.00

注：c表示截距项；t表示趋势项；n表示滞后期。

6.3.2 协整检验

由于各变量均为一阶差分平稳过程，因此需要对方程的各变量之间是否存在协整关系进行进一步检验。采用Johansen检验方法对相关构成的方程进行变量协整检验，在协整检验的滞后期选择上，由于协整检验是对变量的一阶差分进行检验，故协整检验的最优滞后期选为1期。结果见表6-2。

表6-2 Johansen协整检验

原假设协整数目	特征值	迹统计量	P值	最大特征根统计量
没有*	0.88	75.75	0.00	45.95
至多一个*	0.62	29.79	0.05	20.64
至多两个*	0.28	9.15	0.35	7.24
至多三个*	0.08	1.91	0.17	1.91

*表示在5%的显著性水平下拒绝原假设。

由表6-2可知，在5%的显著性水平下，无论是迹检验还是最大特征根检验，各方程中的变量之间至少有一个协整关系，这表明，FDI与三大区域就业之间存在长期稳定的均衡关系。其变量协整方程系数见表6-3。

表6-3　三大区域与FDI流入的协整系数

变量	东部	中部	西部
lnFDI	−0.17(4.27)	0.03(−8.5)	−0.006(−8.22)
$\ln(\text{emp}_e)$	—	0.18(−4.5)	0.26(−8.82)
$\ln(\text{emp}_m)$	−2.64(5.04)	—	0.69(−22.94)
$\ln(\text{emp}_w)$	3.82(−6.98)	0.36(−4.3)	—

注：括号内为显著性检验 t 值。

由表6-3可知，三大地区就业人数与FDI流入之间存在长期均衡关系，在其他条件不变的情况下，当期FDI流入增加1个百分点，东部地区就业人数会减少0.17个百分点，中部地区就业人数会增加0.03个百分点，西部地区就业人数会减少0.006个百分点。FDI进入东道国会有明显的区域集聚特征。大量研究表明：FDI对同行业的内资既有挤出效应，也有挤入效应影响，从而对就业也有相应的挤入挤出影响。当FDI对国内投资存在挤入效应的时候，社会投资总量将大幅扩张，就业人数必然会随之上升。反之，挤出效应的存在将会使国内企业陷入困境，市场份额和利润的下降迫使国内企业削减投资，进而导致失业增加。FDI如果能给东道国带来新的产品和服务，那么这种FDI将不会替代国内投资；如果FDI提供的产品和服务是与国内企业相竞争的，那么国内投资者的投资机会将会因此而减少，从而FDI挤出了国内投资。改革开放以来，FDI大量流入我国东部沿海地区，经过三十多年的发展，我国东部沿海地区经济已经比较成熟，产品和服务市场发达，外资进入很难再带来大量的新产品和服务，这可能会导致FDI对东部地区国内投资的挤出效应明显，进而导致该地区失业增加。而中部地区刚好相反，随着FDI的大量流入该地区，FDI对其挤入效益明显，就业人数必然会随之上升。

6.3.3　误差修正模型

协整方程反映的是FDI与三大区域就业人数之间的长期均衡关系，没有考虑各变量短期不均衡的情况，因此，为了研究时间序列之间长期均衡与短期调整之间的关系，建立向量误差修正模型，其基本表达式见式（6-3）：

$$\Delta y_t = \text{VECM}_{t-1} + \sum_{i=1}^{p-1} \Gamma_i \Delta y_{t-1} + \varepsilon_t \qquad (6-3)$$

其中p为滞后阶数，$\Delta y_t = y_t - y_{t-1}$为回归变量的差分，$\text{VECM}_{t-1}$是非均衡误差，即误差修正项。其中$y_t = [\ln \text{emp}_e \ \ln \text{emp}_m \ \ln \text{emp}_w]'$。模型中各差分项反映了短期波动的影响。就业的短期波动被分解为两个部分：偏离长期均衡的影响和短期FDI波动的影响，误差修正模型的结果见表6-4。

表6-4 三大区域FDI流入的误差修正方程系数

变量	东部	中部	西部
VECM_{t-1}	−1.58(−1.82)	−0.8(−1.64)	−0.36(−0.61)
$\Delta\ln[\text{emp}_{e(t-1)}]$	0.56(1.29)	0.53(−1.9)	−0.008(−0.11)
$\Delta\ln[\text{emp}_{m(t-1)}]$	−0.63(−0.35)	0.08(−1.38)	−0.83(−2.55)
$\Delta\ln[\text{emp}_{w(t-1)}]$	−0.34(−0.12)	1.15(2.89)	1.37(2.7)
$\Delta\ln\text{FDI}_t$	−0.06(−0.95)	−0.02(−2.72)	−0.02(−1.58)
$\Delta\ln\text{FDI}_{(t-1)}$	−0.03(−0.65)	0.009(−0.6)	0.02(−2.51)

注：括号内为显著性检验t值。

由表6-4可知，从FDI流入的短期波动来看，流入的FDI量每增长1%，将引起当期东部地区就业人数变动减少0.06%，中部地区就业人数变动将减少0.02%，西部地区就业人数变动减少0.02%；其中误差修正项的系数分别为−1.58、−0.83和−0.36反映了其短期非均衡状态会分别以1.58%、0.83%和0.36%的速度向长期均衡状态趋近。可以看出，FDI流入对中部地区和西部地区就业的积极效应从第二期开始，而对东部地区的积极效应的滞后期更长。这说明，FDI流入的区域就业效应具有滞后性，且长期吸纳效应和短期挤出效应并存。

6.3.4 脉冲响应分析

协整方程反映的是FDI与三大区域就业人数之间的长期均衡关系，而脉冲响应分析能够形象地刻画出FDI对区域就业动态作用的路径变化。基于VECM模型，采用广义脉冲响应法，对FDI流入模型的各变量进行脉冲响应分析，结果见图6-1。在模型中将FDI动态冲击作用的滞后期设定为25年。

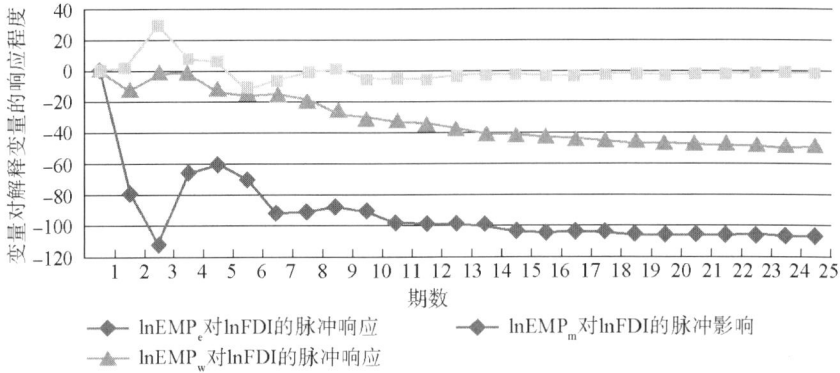

图6-1　FDI流入对三大地区的脉冲响应函数曲线

由图6-1：初期FDI流入对东部地区的就业人数会产生持续波动的负影响，其影响介于-0.12%和0之间，在东部地区的就业人数的变动中，FDI流入的贡献率很小，约为2%；FDI流入对中部地区的就业人数会产生正影响，从第6期开始产生负的影响，其影响介于-0.002%和0.003%之间，在中部地区的就业人数的变动中，除第3期和第4期外，FDI流入的贡献率微小，不到1%；FDI流入对西部地区的就业人数会产生曲折上升的负影响，其影响介于-0.005%和0之间，在西部地区的就业人数的变动中，FDI流入的贡献率几乎为零。这表明FDI首先主要流入东部沿海地区，并会对该地区的就业产生明显的影响，如曾经出现的"孔雀东南飞"；但随着我国引资政策向中西部地区的倾斜，FDI会逐渐向中、西部地区转移，这将会带动该地区的就业。这与我们上面误差修正模型估计所得出的结果基本一致。证明FDI流入的区域倾斜对我国的区域就业差异产生了影响。

6.4　本章小结

FDI流动的区域分布不均，导致我国区域结构发展不均，从而导致就业的区域不均衡。本书基于VAR模型，分析了FDI流动与就业的长期均衡与短期波动的关系，通过脉冲响应分析揭示了FDI对区域就业动态作用的路径变化。得到以下主要结论：

（1）FDI与三大区域就业人数之间存在长期协整关系。FDI流入每增加1个百分点，会引起东部地区就业人数的减少，其他地区就业人数的增加。说明长期来看，FDI对东部地区就业的负效应相当明显，随着劳动力素质的不断提高及技术改革等对人力资本的需求将大大降低。

（2）FDI的就业效应具有滞后性，且长期吸纳效应和短期挤出效应并存。东部地区会是承接FDI流入的首要地区，并带动大量劳动力转移到该地区，但随着我国国家宏观经济政策的调整，政府加强对外资企业投资流向的引导，外商企业投资在我国中、西部地区的比重有所提高，中、西部地区将成为承接劳动力转移的重要地区。但由于FDI对就业作用的滞后性，使区域就业不均衡的状况短期内不会改变。长期来看，中部地区的就业状况会得到改善，未来可能会成为吸纳就业的主要区域之一。

（3）FDI对东部地区和中部地区的动态冲击效应极为显著。东部地区和中部地区是吸引FDI明显较多的地区，FDI对这些产业和区域的冲击效应明显，进一步说明FDI对区域就业结构的不均衡影响。

（4）FDI对东部地区就业的贡献率较大，中部地区利用FDI促进就业的效率最高。FDI进入东道国会有明显的区域集聚特征，其对东部地区造成明显影响，对中、西部地区就业的影响不大。由于FDI流入在东部地区长期明显的倾斜，使东部地区在很长时间里担任着承接劳动力转移的重要角色，中西部地区劳动力大量转向东部地区。但受到FDI流动的区域不均衡的影响，未来中部地区吸纳就业的能力比东、西部地区强。因此，从经济发展角度来说，我国政府的引资政策应该更倾向中部地区。

总之，区域间差异对造成FDI、工资收入和就业区域差异的贡献相对于区域内差异的贡献程度大。无论是区域差异的现状还是区域差异的形成因素分解，中国的就业区域差异与FDI的区域差异之间均具有很多相似性。这种相似性预示着两者存在某种相互关联，后文将对这种关系进行详细的分析。

第7章 FDI流入、收入差距与就业转移的静态效应：基于联立方程模型的分析

改革开放以来，特别是20世纪90年代以后，中国区域间人口流动及就业转移进程明显加快，究其原因，全球化背景下以跨国公司为主导的FDI在区域间的流动引致的就业机会和区域收入差距是一个很重要的因素。根据前述的劳动力流动的相关理论，收入差距因素是影响劳动力流动最重要的因素之一，而收入差距又与资本特别是FDI流入不无关系。由相关统计数据，三大地区中东部地区的FDI额最大，工资水平最高，那么FDI流入、工资收入差距与就业转移之间是否存在一定联系？这是怎样的联系和数量关系？本部分尝试从FDI流入→收入差距→就业转移的逻辑视角，通过构建联立方程模型，定量测度和实证分析FDI对就业转移的直接效应和通过收入差距这一中间变量影响就业转移的间接效应。

7.1 联立方程模型构建

市场均衡的工资由劳动力的供给和需求决定，就业会影响到工资，工资也会影响到就业。根据前面的分析，外商直接投资通过影响工资收入而对就业产生影响；同时根据外商直接投资的区位选择理论，工资水平也是影响FDI的区位选择的因素之一。这样看来，FDI、工资收入和就业组成了一个相互影响相互制约的经济系统，本部分选用联立方程模型对这个经济系统中变量进行的估计。其中，采用第5章已经推导出来的式（5-13）作为就业的决定模型。

7.1.1 联立方程模型系统

在很多情况下，经济现象是极为复杂的，其中经济变量之间的关系式相互依存、互为因果的，即一个经济变量影响另一个经济变量（或多个变量）；反过来，这个变量又会受到其他经济变量的影响，并且多个变量的行为是同时决定的。在这种复杂的经济系统里，单方程模型可能无法准确地描述这种相互依存的关系，需要用一组联立方程模型来描述经济系统中变量之间的关系。

联立方程模型系统的一个共同特征是，它们都包含若干个内生变量，而且这些变量的值是一系列相互联系的方程共同确定的。在联立方程模型系统中，各个经济变量之间是一种联系关系，同一个变量在某一方程中可以作为被解释变量，在另一个方程中可能就是解释变量。因此，单方程模型中的解释变量与被解释变量在联立方程模型中容易被混淆，通常情况下，联立方程模型中的变量被称作内生变量和外生变量。一般而言，方程的左侧是内生变量，方程的右侧的变量可以为外生变量也可以包含内生变量（高铁梅，2009）。

因此，联立方程模型可以写成：

$$BY+\tau Z=u \tag{7-1}$$

其中，Y 为 $k \times T$ 的内生变量；T 为样本容量；k 为内生变量个数，Z 为 $g \times T$ 的先决变量矩阵，g 为先决变量个数，u 为 $k \times T$ 的结构性扰动项矩阵，B 为内生变量的 $k \times k$ 结构参数矩阵，τ 为先决变量的 $k \times g$ 结构参数矩阵，如果模型中含有常数项，可以看成一个外生的虚拟变量向量 Z_0。这种含有 k 个内生变量、g 个先决变量、k 个结构方程的系统被称为完备的结构式系统。在完备的结构式系统中，独立的结构方程数目等于内生变量的数目，每个内生变量都分别由一个方程来描述，式（5-9）的矩阵可以表示为

$$Z=\begin{pmatrix} z_1 \\ z_2 \\ \vdots \\ z_k \end{pmatrix} \quad Y=\begin{pmatrix} y_1 \\ y_2 \\ \vdots \\ y_k \end{pmatrix} \quad u=\begin{pmatrix} u_1 \\ u_2 \\ \vdots \\ u_k \end{pmatrix} \tag{7-2}$$

参数矩阵 B 和 τ 为

$$\boldsymbol{B} = \begin{pmatrix} \beta_{11} & \beta_{12} & \cdots & \beta_{1k} \\ \beta_{21} & \beta_{22} & \cdots & \beta_{2k} \\ \vdots & \vdots & \ddots & \vdots \\ \beta_{k1} & \beta_{k2} & \cdots & \beta_{kk} \end{pmatrix}, \qquad \boldsymbol{\tau} = \begin{pmatrix} \lambda_{11} & \lambda_{12} & \cdots & \lambda_{1g} \\ \lambda_{21} & \lambda_{22} & \cdots & \lambda_{2g} \\ \vdots & \vdots & \ddots & \vdots \\ \lambda_{k1} & \lambda_{k2} & \cdots & \lambda_{kg} \end{pmatrix} \qquad (7\text{–}3)$$

7.1.2 联立方程模型构建

已有的研究对于收入差距导致劳动力就业转移这一观点并不存在异议。朱云章（2008）以中国农村流入到城镇的劳动力与农村总劳动力的比值作为农村劳动力流动的数据，以城镇居民可支配收入与农村居民可支配收入的比值作为城乡收入差距的数据，选取1983—2006年时间段，通过平稳、协整和格兰杰因果检验证实了城乡收入差距和劳动力流动之间存在单向因果关系，即城乡收入差距是农村劳动力流向城镇的原因。尽管如此，投资、经济发展程度、工资收入水平和时间条件均是影响就业的因素，可以认为，以上因素也是影响就业差异的因素。由第四章的分析可以看出，1990—2010年中国FDI、工资收入及就业量的标准差总体上均呈逐年扩大的趋势，因而他们可能存在某种数量上的联系。对各变量取标准差，时间因素T的影响为常数，构建影响就业转移的方程为

$$\ln S_L = c(1) + c(2) \times \ln S_{\text{GDP}} + c(3) \times \ln S_{\text{FDI}} + c(4) \times \ln S_{\text{KD}} + c(5) \times \ln S_{\text{WAGE}} + \varepsilon_1 \ (7\text{–}4)$$

其中，$\ln S_L$ 表示区域就业差异的对数，用以衡量就业转移；$\ln S_{\text{FDI}}$，$\ln S_{\text{GDP}}$，$\ln S_{\text{KD}}$，$\ln S_{\text{WAGE}}$ 分别为FDI、GDP、内资和工资差异的对数，ε_1 为随机扰动项，表示其他所有未能考虑在模型内的因素的综合影响。系数的符号为正表明变量的影响为正效应，即该变量的差异加大了就业差异，促进了就业转移；系数的符号为负表明变量的影响为负效应，该变量的差异缩小了就业差异，减少了就业转移。

关于影响外资区位选择的因素，综合前人FDI区位选择的研究，发现影响FDI进入的因素主要有：市场因素、基础设施因素、集聚因素、成本因素、制度因素和文化因素等。同时考虑数据的可得性，选取经济发展、基础设施和人力成本等可以量化的因素，构建外资区位选择影响因素模型：

$$\ln S_{\text{FDI}} = c(6) + c(7) \times \ln S_{\text{WAGE}} + c(8) \times \ln S_{\text{GDP}} + c(9) \times \ln S_{\text{KD}} + \varepsilon_2 \qquad (7\text{–}5)$$

将工资收入项与FDI项互换，可得到影响工资的方程：

$$\ln S_{\text{WAGE}} = c(6) + c(7) \times \ln S_{\text{FDI}} + c(8) \times \ln S_{\text{GDP}} + c(9) \times \ln S_{\text{KD}} + \varepsilon_2 \quad (7\text{-}6)$$

从宏观上看，投资依然是拉动中国经济增长的主要因素，增加全社会的固定资产投资和外商直接投资有利于促进经济增长。因此，从投资角度构建GDP影响因素模型：

$$\ln S_{\text{GDP}} = c(10) + c(11) \times \ln S_{\text{FDI}} + c(12) \times \ln S_{\text{KD}} + \varepsilon_4 \quad (7\text{-}7)$$

关于外资对东道国本国投资产生的效应是挤入效应还是挤出效应，沿用阿戈辛和迈尔（Agosin and Mayer, 2000）构建的投资模型，认为一定时期内一国的总投资等于国内投资与外资之和，他们认为：投资时对应于意愿投资与真实资本存量差异做出调整的变量，意愿投资是国内企业理想的资本存量，与实际产出量和最大产出量之间的差异。因此，国内投资变量中需要考虑经济增长和国外需求两个因素，构建影响内资的模型：

$$\ln S_{\text{KD}} = c(13) + c(14) \times \ln S_{\text{FDI}} + c(15) \times \ln S_{\text{GDP}} + \varepsilon_4 \quad (7\text{-}8)$$

至此，式（7-4）、式（7-6）~式（7-8）四式组成了本研究FDI流入的就业转移效应的联立方程模型，选取常数c和内资KD作为模型的工具变量。FDI对就业转移的直接效应表现为：投资的区域差异导致了就业转移；FDI对就业转移的间接效应表现为：FDI差异通过影响收入、经济发展和内资变量的差异间接影响就业转移。综合上述四式，测算FDI差异对就业转移的直接效应与间接效应。

7.1.3 数据选取及说明

关于数据时间起点的确定。尽管20世纪70年代末期中国实行了农村经济体制改革，农民有了经营自主权，但是由于制度等多方面的因素，大规模的劳动力流动并没有出现；到了80年代，政府逐步放松了对劳动力流动的管制，表现为：1983年允许农民对农产品进行异地销售，1984年鼓励农村劳动者到城镇务工，1988年允许农民自带口粮进城务工和经商。这样看来，直到20世纪80年代末期，政府才放宽对劳动力流动的限制。考虑到数据的可获得性，笔者把1990年作为分析FDI流入与劳动力就业转移问题的选取数据起始点。

关于相关变量数据的确定。找到精确衡量中国劳动力流动规模的数据是很困难的，确立描述中国劳动力流动规模演变的时间序列数据就更困难了，直到目前为止，我们还无法找到来源一致的描述中国劳动力流动实际状况的高质量时间序列数据，也许这也正是至今还很少看到使用时间序列数据直接分析中国城乡劳动力流动与收入差距相互关系的主要原因。所以，如何能够利用已有的相关数据做到比较恰当地对中国劳动力流动规模的演变进行描述是很关键的。与之相比，描述中国居民收入方面的数据是相对比较健全的，主要的问题是选用什么方法和指标来描述中国收入差距的实际演变状况。就业转移最直观的表象就是就业量的变化，某一地区就业量增加，说明有劳动力流入到该地区，某一地区的就业量减少，说明有劳动力流出该地区，那劳动力的就业转移导致了就业量的增加或减少，前后两期就业量之差可以近似的看作劳动力数量的变动。在收入差距衡量方面，选取历年各省市平均工资的标准差作为衡量收入差距的指标。

关于相关数据的来源。本书选取1995—2010年中国的相关数据。原始数据均来源于历年《中国统计年鉴》和《中国对外经济贸易年鉴》。由于FDI额是以美元为单位，因此采用当年人民币对美元的中间汇率折算成人民币的金额进行计算。重庆市于1997年成为直辖市，为便于分析和数据的连贯性，将其数据纳入四川省一并进行计算。本书中分析时未包含中国的台湾省、香港和澳门地区的数据。1995—2010年相关变量的描述性统计结果见表7-1。

表7-1　1995—2010年相关变量的描述性统计

变量	均值	最大值	最小值	标准差	观测值
就业量（万人）	67120.19	76833.70	62042.46	4733.05	651
外商直接投资（万美元）	908.96	2051.86	404.36	563.41	651
国内生产总值（亿元人民币）	177538.99	437041.99	57632.78	118722.71	651
国内投资（亿元人民币）	84093.41	271362.71	19511.12	77165.59	651
平均工资（元人民币）	502391.38	1119203.00	163729.00	305649.52	651

数量来源：根据历年《中国统计年鉴》数据整理计算得出。

7.2　实证结果分析

7.2.1　联立方程模型估计结果分析

分别从区域内部和区域之间两个层面来考察FDI差异对收入差异和就业转移的影响（见表7-2）。

表7-2　联立方程模型的估计结果

解释变量		区域内						区域间	
		东部		中部		西部			
		系数	P值	系数	P值	系数	P值	系数	P值
方程（9）	$\ln S_{GDP}$	0.0371	0.6754	0.3912***	0.0002	−0.4019*	0.0604	1.0437***	0.0013
	$\ln S_{FDI}$	0.0786***	0.0029	−0.0348**	0.0426	0.0040	0.9442	0.0516**	0.0452
	$\ln S_{KD}$	0.0898*	0.0633	−0.1962***	0.0005	0.2132*	0.0705	−0.4481**	0.0283
	$\ln S_{WAGE}$	0.0485**	0.0271	0.0527**	0.0280	0.1778***	0.0001	0.5796***	0.0002
方程（11）	$\ln S_{FDI}$	0.3035**	0.0364	0.2855	0.2524	−0.9391***	0.0023	0.2510**	0.0398
	$\ln S_{GDP}$	1.5712***	0.0001	1.6076***	0.0000	2.5022*	0.0542	1.8140***	0.0000
	$\ln S_{KD}$	−0.3377	0.2612	−0.4735*	0.1024	−0.5017	0.5291	−0.7760**	0.0258
方程（12）	$\ln S_{FDI}$	0.0165	0.8781	−0.2243	0.2365	0.0559	0.3724	−0.0556	0.5654
	$\ln S_{KD}$	0.7903***	0.0000	0.7532***	0.0000	0.6156***	0.0000	0.9730***	0.0000
方程（13）	$\ln S_{FDI}$	0.0794	0.5439	0.5519***	0.0045	−0.0361	0.7248	0.1193	0.2002
	$\ln S_{GDP}$	1.1916***	0.0000	1.1185***	0.0000	1.5811***	0.0000	0.9799***	0.0000

***、**、*分别表示在1%、5%、10%的水平上显著。每个方程中$\ln S_{FDI}$的系数为本书重点关注的变量。

7.2.1.1　FDI差异对区域内就业转移的影响

式（7-4）中，$\ln FDI_t$的系数衡量了FDI差异对区域内就业转移的直接影响，是本书重点关注的变量。由回归结果，FDI的差异对东、中、西部地区的就业转移的影响系数分别为0.0786、−0.0348和0.004。外资加大了东、西部地区内的就业转移，缩小了中部地区内部的就业转移。对西部地区不显著是因为西部地区外资额总量和占GDP比重均较小，整体上对就业转移的影响不大。$\ln GDP_t$和$\ln KD_t$的系数衡量了经济发展差异和国内投资差异对就业转移的直接影响。GDP差异对三大区域就业转移影响的弹性系数分别为：0.0371、0.3912和-0.4019；内资因素对三大区域就业转移影响的弹性系数分别为：0.0898、-0.1962和0.2132。经济增长和国内投资增加能带来就业水平的提高，可以提供了更多的就业机会，促进了就业，因而两者带来了就业的差异。lnWAGEt的系数衡量了收入差异对就业转移的直接影响，是本书重点关注的变量。工资差异对三大地区就业转移的效应分别为：0.0485、0.0527和0.1788，均为正效应。

式（7-6）中变量的系数衡量了各因素对工资差异的影响。$lnFDI_t$的系数衡量了外资差异对工资差异的影响，是本书重点关注的变量。由回归结果，FDI的差异对东、中、西部地区工资差异的影响弹性系数分别为0.3035、0.2855和-0.9391，FDI差异加大了东部和中部地区的工资差异，缩小了西部地区的工资差异。外资的流入通过增加资本供给和技术进步带来产业结构升级和生产率的提高，使企业的利润增加，企业将增加的利润一部分用于提高劳动者的工资，从而促进工资增加。东部地区是外资密集的地区，因而外资的工资效应最大，这与现实情况相符。$lnGDP_t$和$lnKD_t$的系数衡量了经济发展差异和国内投资差异对工资差异的影响。值得一提的是，GDP差异对三大区域工资差异影响的弹性比较大，分别为：1.5712、0.3912和-0.4019，工资水平受经济发展的影响很大。近年来，中国经济发展迅速，GDP每年均以8%以上的速度增长，因而带来工资水平的快速提高，根据统计数据，与2000年相比，2010年全国平均工资水平增长了近4倍。

式（7-7）中变量的系数衡量了投资差异对GDP差异的影响。$lnFDI_t$的系数衡量了外资差异对经济差异的影响。外资差异对东、中、西部地区GDP差异的影响系数分别为0.0165、-0.2243和0.0559。外资的影响未能通过不显著，内资的影响均通过显著性检验。这是因为，相对于内资的规模，FDI的投资额较小。从宏观上看，投资依然是拉动中国经济增长的主要因素，增加全社会的固定资产投资和外商直接投资有利于促进经济增长。尽管如此，不能通过显著性检验的参数的实证效果还有待于进一步的检验。

式（7-8）中变量的系数衡量了外资与 GDP 的差异对内资差异的影响。对东、中部地区来说外资对内资的效应表现为挤出效应，$lnFDI_i$ 的系数分别为 0.0794 和 0.5519；对西部地区来说外资对内资的效应表现为挤入效应，$lnFDI_i$ 的系数为 -0.0361。GDP 差异对内资的影响非常大，三大地区 $lnGDP_i$ 的系数均大于 1。与经济发展水平相比，外资对内资的影响程度较小，因而变量未能通过显著性检验。

7.2.1.2　FDI 差异对区域间就业转移的影响

在式（7-4）中，FDI 差异对区域间就业转移的效应为 0.0516，结果显著。整体上，FDI 差异加大了区域间的就业流动。结合统计数据，就业流动的具体表现为就业由中部向东部和西部转移，其中，就业向东部转移的幅度最大。这是因为改革开放以来，FDI 大量流入中国东部地区，带来了新的产品和服务，加速该地区的经济发展，创造了大量的就业机会，吸引了劳动力向该地区流动；对于中部地区来说，大量劳动力集中在第一产业和第二产业，外资的进入带来技术和要素的升级，资本对劳动的替代效应明显，因而导致劳动力流出。GDP 差异对就业转移的效应为 1.0437，其值在所有变量中最大，证明了经济发展对就业巨大的促进作用。收入差距因素对就业转移影响的弹性为 0.5796。但劳动力跨区迁移受到众多因素的影响，中国劳动力主要源于中西部，近几年的现实情况是，东部沿海省市生活成本较高，劳动力由于待遇有差别，生活水平较低等原因，从心理上说，大量劳动力不愿到东部就业；中、西部地区，尤其是西部地区就业对工资的反应非常敏感，当本地区工资待遇升高时，劳动力更愿意留在本地区就业，这导致在一段时间内沿海企业出现招工难。

式（7-6）中，FDI 差异对工资差异的效应为 0.251，FDI 加大了东部和中部地区内的工资差异，同时也加大了三大区域间的工资差异。式（7-7）中和式（7-8）中，FDI 差异对 GDP 和内资的差异的效应为 -0.0556 和 0.1193，由于外资占投资总量的比重较小，变量未能通过显著性检验。

7.2.2 FDI对就业转移的直接效应与间接效应的测算

根据联立方程模型的估计结果，可以计算出FDI差异对就业转移的直接效应和间接效应。直接效应方面，区域内，FDI差异对东部地区内就业转移的影响最大，其弹性系数为0.0786；对中部地区内部就业转移的影响为负，弹性为−0.0348；对西部地区就业转移的效应为正，弹性为0.004，但其影响程度较小；FDI差异对区域间就业转移的影响为0.0516，表明FDI差异促进了劳动力在三大区域间的流动。

间接效应方面，根据估计结果计算得出，对于区域内部来说：FDI通过工资因素对三大地区就业转移的间接影响为：0.0147、0.0150和−0.1669；通过经济因素对三大地区就业转移的间接影响为：0.0006、−0.0877和−0.0225；通过内资因素对三大地区就业转移的间接影响为：0.0071、−0.1083和−0.0077。对于区域间来说，FDI差异通过收入、经济、内资渠道对就业转移的效应分别为：0.1455、−0.058和−0.0535。综合考虑直接效应和间接效应，FDI因素对对三大地区内部就业转移的总效应分别为：0.1011、−0.2158和−0.1931；对区域间就业转移的总效应为0.0856（见表7-3）。

表7-3　FDI对就业转移的直接效应与间接效应

效应		区域内			区域间
		东部	中部	西部	
直接效应		0.0786	−0.0348	0.0040	0.0516
间接效应	收入因素	0.0147	0.0150	−0.1670	0.1455
	经济因素	0.0006	−0.0877	−0.0225	−0.0580
	内资因素	0.0071	−0.1083	−0.0077	−0.0535
总效应		0.1011	−0.2158	−0.1931	0.0856

资料来源：根据估计结果计算得出。

由表7-3的计算结果看出：在间接效应中，收入因素在东、中、西部和三大区域间的影响在总间接效应中的占比分别为：65.53%、7.13%、96.98%和56.62%，除中部地区外，收入因素对区域内部和区域间就业转移的影响较其他因素更明显（见图7-1），这也正是本书将收入差异作为FDI

流入影响就业转移的重要渠道研究的原因。中部地区内部收入因素对就业转移的影响相对较小，这与不同性质企业的工资形成机制有关。外资企业倾向于采取效率工资，很大程度上会依据工资水平确定劳动力需求；相对于外资企业，内资企业的工资收入受政策约束和管制较大，工资决定机制的市场化水平较低。根据回归结果，FDI对中部地区内资的效应为挤入效应，即FDI的流入带动了该地区内资的增加，内资的大幅增加阻碍了外资通过市场竞争对劳动需求弹性作用的传导。

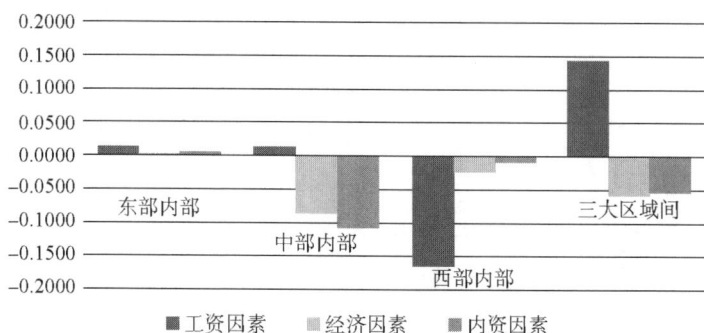

图7-1　FDI流入对就业转移间接效应的各因素影响

资料来源：根据表7-3的数据画出。

7.3　本章小结

大量农村劳动力流入城市，既是城市化和社会发展的必然要求，也是地区差距扩大的结果。FDI流入加大了劳动者的收入差距，收入差距导致了区域间的就业转移。中国就业量总体增长缓慢，就业问题主要表现在区域间的就业转移所引致的就业结构变迁。本章通过CES生产函数推导的理论模型，构建FDI、收入差距和就业转移的联立方程模型，结合1990—2010年中国的相关数据，实证研究FDI、收入差距和就业转移三者的动态关系，测算FDI对中国就业转移的直接效应和间接效应。主要结论有：

（1）FDI流入每增加1%，对东、中、西部地区内部就业转移的直接效应分别为：0.0786、−0.0348和0.004；间接效应分别为：0.0225、−0.181

和-0.1971，对三大区域间就业转移的直接效应为0.0516，间接效应为0.034。FDI因素对三大地区内部就业转移的净效应为：0.1011、-0.2158和-0.1931；对区域间就业转移的净效应为0.0856。从整体上看，FDI促进了劳动力在三大区域间的流动。从区域发展的趋势来看，FDI首先流入中国东部地区，进而向中国中、西部地区转移。随着FDI流入的增加，东部地区将成为吸纳就业人员的主要地区，并带动大量劳动力转移到此。国家在积极引进外资发展经济的同时应充分意识到劳动力区域间的流动带来的社会问题和经济问题。

（2）中部地区FDI对就业转移的净效应为负，且效应的绝对值最大，说明这表明中部地区利用FDI的就业创造效率高，长期来看中部未来可能会成为吸纳就业的主要区域之一。从经济发展角度来说，中国政府的引资政策应该更倾向中部地区。随着中国国家宏观经济政策的调整，政府加强对外资企业投资流向的引导，外商企业投资在中国中部地区的比重有所提高，中部地区将成为承接劳动力转移的重要地区。但由于FDI进入的产业、区域、方式、动机及外溢效应发挥的差异性较大，加之各国的经济发展规律及宏观经济政策有其特殊性，因而其就业效应是呈复杂动态发展的。

（3）间接效应中，除中部地区外，收入因素在总间接效应中的占比最大，说明收入因素对区域内部和区域间就业转移的影响较其他因素更明显，收入差距是FDI流入就业转移效应的重要传导渠道。收入分配问题关系到就业的稳定和国家经济社会的安全。对此，政府要制定适应社会主义市场经济体制的收入分配政策，加大监督力度，最大程度的缩小地区间的收入差距，完善就业服务体系和社会保障体系，加强对劳动力的培训，尽可能消除差别化待遇，引导就业合理流动，实现公平与效率的统一。

受经济全球化步伐加快、改革进程加深以及产业结构调整加速等因素综合影响，地区就业结构在20世纪90年代出现比较显著的变化，特别是就业增量在空间上的分配不尽均衡，沿海地区制造业就业迅速提升，而中部地区制造业就业急剧下降，形成就业转移和替代的特征。外资流入和就业形势形成内在的联系。在中国经济社会转型阶段，劳动力的合理流动既是经济效率改进的重要途径，也是社会公平的需要。劳动力的流动可以在一定程度上矫正城市偏向政策、区域政策缺陷和行业垄断造成的收入差距扩大，促进要素价格的合理定价，有利于在经济全球化体系中形成自身的比较优势。由于劳动力流动在实现均衡的过程中能保证效率目标，在很大程度上能弥补资本区域间分配不均衡的缺陷。但是我国外来劳动力和本地劳动力的就业特征仍然有很大的差异，劳动力市场的制度性分层现象依然突出。因此，促进劳动力的合理流动应成为政策选择的重要方向。

第8章　FDI流入、收入差距与就业转移的作用机理

　　理论分析和实践情况均表明了投资与就业的密切关系。随着FDI流入在不同区域和产业上的倾斜，其对就业产生的影响越来越显著，最明显的一个现象就是就业转移。劳动力流动与就业转移是两个非常相似的概念，但严格地说，两者存在一些差别，前者是指已就业人口和部分未就业人口（剩余劳动力）在空间上的流动，后者是指已就业人口在空间上的流动。因此，两者涵盖的范围不同，后者从属于前者，两者的主要区别表现在流动的劳动人口在流动前是否具有工作。但在实证研究中，就业量变动的数据比劳动力流动的数据更易于获取，因而本文研究的重点是FDI通过收入差距对就业人口流动（或转移）的影响，其中，这种就业的转移不仅仅指农村剩余劳动力向城镇的转移，也包括其在区域间和产业间的流动。在文中的就业转移指的是导致就业量发生变化的所有的劳动力的流动，也就是指就业人口的空间移动。

　　针对中国特殊的经济体制和社会结构，纵观国内外针对外商直接投资、收入差距与就业转移的研究文献，发现上述三者之间存在相互作用的机制，因而获得启发并最终确立了本章的研究思路：通过探求影响中国就业转移的因素出发，分析FDI流入对就业转移的直接效应及其通过收入分配❶这一中间变量对就业转移的间接效应，揭示外商直接投资通过收入差

---

　　❶一般来说，收入分配包括功能性收入分配和规模性收入分配。功能性收入分配是指不同类型生产要素所获得的收入份额的确定，即各类生产要素与之所获得的收入之间的关系；而规模性收入分配是指收入所得者（个人或家庭）获得收入的规模。本文所提及的收入分配主要是指规模性收入分配，即居民获得的收入，鉴于数据的可得性，以工资收入的形式表示。

距对就业转移的作用机理，提出FDI流入→收入差距→就业转移的分析框架，从收入差距的角度解释外商直接投资流动带来的就业转移问题❶。

8.1 投资与就业的一般关系

马克思的资本论（1867）最早提到了投资与就业之间的关系，认为投资对就业的促进作用主要包括以下三个方面：一是资本有机构成提高必然伴随着剩余价值率的提高，剩余价值率提高会加速资本积累，从而进一步扩大对劳动力的需求，这会促进就业的增加；二是技术创新引起相关生产部门规模扩大与新产业兴起，从而创造劳动力的新需求；三是技术创新带来生产成本的降低，进一步降低产品价格，有助于产品需求的上升，也会为增雇工人创造条件。因此，投资很可能增加劳动力需求。也就是说，马克思是从劳动力需求的角度来分析投资与就业关系的。其后，凯恩斯（1936）的有效需求不足理论认为，社会的有效需求不足会导致不充分就业，政府应采取措施来扩大内需，提升就业水平，其中增加投资是一个重要措施。哈罗德–多马模型（1947）研究了充分就业与投资的关系，要想实现充分就业，就必须保证投资按照一定的比率增长。菲利普斯曲线（1958）揭示了通货膨胀与失业之间的负相关关系，菲利普斯曲线同时描述了投资与就业的关系，即较高的投资能够创造更多的就业机会。索洛（1956）提出了奠定现代经济增长理论基石的索洛经济增长模型，并对哈罗德–多马增长理论中的缺陷进行了修正。该理论认为"刀锋"式的增长路径是可以避免的，充分就业的稳定增长可以通过市场机制调整生产中的劳动与资本的配合比例来实现。

上述经典理论为今天科学认识投资与就业的关系提供了很好的理论基础。但不可否认的是，这些传统理论主要是从总量上论述二者的关系，未能从结构上和流动动态上展开进一步深入分析。实际上，大规模投资对劳

---

❶ 就业转移不仅仅指农村剩余劳动力向城镇的转移，也包括劳动力在区域间和产业间的流动，是一个广义的概念。

动力就业的需求总量、需求结构和劳动力流动、就业转移均可以产生较大的影响。

从投资过程创造的就业结构上看，对劳动力的需求有两个阶段，第一个阶段是基础设施建设阶段，第二个阶段是当固定资产投入使用以后。这两个阶段对劳动力就业的需求结构是不同的。在第一阶段，基础设施建设与设备安装时，对建筑工人的需求很大，在很多外围地区，小农场主和无地农民具备建筑工人所需的基本技能，因此很容易找到工作。第二个阶段对劳动力就业的需求则存在多种可能性。如果投资于自然资源的转移，则对非熟练劳动的需求是很大的，如种植农业与采矿等。但大多数发展中国家非熟练劳动力的供给量很充足，这类投资即使实施，非熟练劳动力的工资率通常也不会上升，如果本地劳工不能满足当地需求，外地劳动力的迁入也将使工资率的上升的趋势得到抑制。至于熟练劳动力，特别是管理层，一般都来自发达地区，发达地区的投资者也会坚持雇佣其所熟识的管理人员。其他熟练劳工多数可能来自本地，新的需求可能使本地熟练劳工的工资率上升，一般的，熟练劳工将通过优厚的工资待遇从现有的其他经济部门获得。如果新的出口活动是工业型的，其对熟练劳工和非熟练劳动力的需求都将取决于生产类型。如果生产活动主要是技术型的，可能会面临技术人员不足的问题。

从投资引起的劳动力流动和就业转移上说，大规模投资将导致投资地区熟练劳动力工资率的上升，同时减少熟练劳动力失业或就业不足的情况。其趋势将是资本密集程度上升，其直接效应是熟练劳动力的迁入，并可能吸引其他地区熟练劳动力的流入。

8.2　FDI流入对就业转移的直接效应与间接效应

正如前文所述，资本流动是劳动力跨区域流动的重要因素之一。直观上看，劳动力的就业转移直接表现为就业量的增加或减少，因此，对FDI流入与劳动力就业转移的研究可以在一定程度上转化为对FDI流入与就业量关系的研究。

外商直接投资对就业的效应可以分为直接效应和间接效应。关于这种直接效应和间接效应的研究，王剑（2005）认为外商直接投资的直接效应表现为外资对就业的创造效应，间接效应表现在外资流入对东道国内资的挤入或者挤出，他指出：在外资给东道国带来全新的产品和服务的情况下，外资不仅不会替代内资而且会吸引内资投入到这些新的产品和服务商，这时就是挤入效应；但是在外资与内资竞争性生产和服务的情况下，外资就有可能替代内资，这时就是挤出效应。挤入效应明显时，资本总额上升，就业量增加；相反，挤出效应明显时，外资的进入导致了内资企业经营陷入困境，就业量减少，失业增加。王美今、钱金保（2008）认为外商直接投资的直接效应表现在外资企业对就业的需求，间接效应表现在对内资的挤入或挤出以及影响内资企业的劳动生产率。外资企业可以通过产业关联的关系促进国内投资的增加，挤入内资，也可以通过其技术和管理优势挤出内资；同时，外资企业通过技术溢出效应提高东道国国内企业的技术水平和劳动生产率，这导致了就业量的减少。可以看出，FDI对就业间接效应已经受到学者们的关注。

经济全球化必然会引起FDI流量和方向的变化，并通过经济空间重构引致东道国的国内就业转移。具体来说，FDI对东道国就业转移的影响分为两大方面：一个是直接转移效应，主要表现为外资在区域和产业的投资倾斜，引致人口和劳动力向该地和行业迁移流动，形成区域和产业间就业存量的替代，外资在某些地区和产业的集聚带来的就业创造效应和就业替代效应造成新增就业机会的不平衡，形成就业增量在经济空间分配上的差异；另一个是间接转移效应，主要表现为FDI通过带来工资收入差距、拉大区域经济发展差距、影响国内投资、带动区域产业结构的调整和升级等对就业转移产生全面而深刻的影响。

外商直接投资对就业的直接效应表现为创造效应和替代效应。一方面，FDI与劳动力作为要素投入，在规模效益一定时通过增加其投入量可以推动产值的增长。但FDI流入与劳动力之间更多地表现为二者的要素配比关系，在技术一定的条件下，增加一定量的资本则必然要求增加相应的劳动力投入（王燕飞，2009）。FDI流入通过资本供给的增加实现社会化的扩大再生产，从而扩大就业规模。FDI流入通过溢出效应促动内资企业技术水平提高，市场竞争力加强，推动内资企业与外资企业形成良性竞争和互动，促进国家宏观经济稳定增长、市场需求扩大、劳动就业市场繁荣，不仅自身创造了大量的就业，而且带动内资企业提供了众多的就业机会，这样看来，FDI对就业的创造效应为正效应；另一方面，FDI流入不仅直接增加了各产业的资本供给，还以技术外溢等方式增加了产业内的其他要素供给或提高了要素生产率，推动各行业技术水平和资本有机构成的提高，在产出规模一定的情况下，将出现资本、技术替代劳动力的现象，从而产生就业的替代效应。这样看来，FDI对就业的替代效应为负效应。

外商直接投资对就业的间接效应表现为收入效应，经济效应以及对国内投资的挤入或挤出效应。收入效应表现为FDI的流入通过提供较高收入，影响东道国的区域和产业结构，促进东道国对外贸易和技术溢出等方式影响东道国的收入差距，收入差距导致了劳动力就业转移从而影响了就业。经济效应表现为FDI的流入在东道国形成了全球性的生产组织和运营机构，作为一种资源优化配置的高度化组织形式，外资在很大程度上提高了东道国的资源配置效率，提高了劳动生产率和技术创新速率，促进了该国的经济增长。挤入或挤出效应表现为当外资给东道国带来全新的产品和服务时，外资不仅不会替代内资而且会吸引内资投入到这些新的产品和服务商，这时就是挤入效应；当FDI过多地进入竞争性行业，或者是国内投资机会有限，外资与内资争夺稀缺资源的情况下，FDI流入与内资会呈现出挤出效应。通常处于竞争弱势的部分内资企业会面临经营困难甚至关门倒闭，职工下岗失业，这时就是挤出效应❶。

FDI流入的就业转移效应是上述这些直接效应和间接效应共同作用的

---

❶ 区别于前文的就业创造效应与替代效应，这种挤入或挤出效应是指外资对内资的作用，再由内资的变动影响到就业，也就是外资对就业的间接作用，而不是指外资对就业的直接作用。

结果，后文将通过FDI流入对就业转移影响的计量模型，实证研究这种直接效应与间接效应具体的数量关系。

8.3　FDI就业效应的传导渠道

外商直接投资对就业的影响是伴随着经济活动而产生的。对于东道国来说，外商直接投资的进入意味着将在其国内发生三种经济行为，首先是外商投资自身的活动，其次是外商直接投资所影响的国内投资活动，最后是外商直接投资所引起的经济增长活动。这三种经济行为都会导致对东道国就业的影响，是外商直接投资就业效应的三种传导渠道。

（1）外商投资自身的活动。外商投资企业自身活动是外商直接投资就业效应的直接渠道。它对就业的具体影响与外商直接投资的进入方式、进入动机、进入模式和要素密集类型有关。

一是进入方式。通常外商直接投资进入东道国有两种方式：一种是绿地投资（新设投资），即通过新设的方式建立中外合资企业或者外商独资企业；另一种是并购，即兼并或收购东道国现有的企业。绿地投资在短期内通常会吸收大量的劳动力。首先，出于成本的考虑，外商投资企业一般除了设置少量本国专业人才和管理人员以外，主要是在投资地招募人员，大量雇用当地的普通劳动力。其次，绿地投资可以间接创造就业，如在大规模的公司厂房的建设中，可以提供大量的短期就业；通过关联效应促进国内供应商和分销商就业量的增加。但在长期内，绿地投资有可能加剧国内市场的竞争而导致失业的产生。而并购的投资方式往往会导致被并购方企业的业务整合、人员调配，短期内不会增加就业，但不一定会出现减少就业的局面。如果被并购的企业是濒临倒闭的，或者被并购企业的雇员拥有有价值的技能和能力，或者并购的目的是为了控制某个已经运行良好的销售网络，那么并购行为是能够保留就业的。如果并购以后的重组和整合是成功的，那么远期内会提供更多的就业机会。

二是进入动机。外商直接投资进入东道国的动机主要有资源获取型、利润重心型、生产基地型、市场开拓型、知识提取型和风险分散型。投资动机不同，其对就业的影响也不同。就我国而言，生产基地型的外商直接投资看重的是中国大量的廉价劳动力，因而对就业的积极影响表现在吸收了大量从农村转移出来的无技术或低技术劳动力。市场开拓型的外商直接投资看重的是中国巨大的市场需求，为了占领国内市场，必然导致内资企业的收缩，继而导致大量员工失业。另外，市场开拓型的外商直接投资在其研发和管理方面需要高素质的人才，在其生产制造过程中需要有技术的工人，对无技术的劳动力需求大大减少。

三是进入模式。进入模式是外国投资者进入国外市场的重要战略决策问题，直接关系到外资企业的风险以及控制权和收益权分配。不同的外商直接投资进入模式吸纳劳动力的作用是不同的。从我国外商直接投资的四种模式：合资经营、合作经营、合作开发、独资经营来看，前三种方式对劳动力的吸纳能力要高于独资经营。因为对前三种方式的外方来说，由于中方的管制，首先在企业的追求目标上，其除了关心利润，还要考虑就业等非市场因素，而独资经营的外方摆脱了这种束缚，为了获取最大的利润，不断提高技术水平和资本有机构成，从而导致大量失业；其次合资企业在与内资企业的关系上，会更多地加强与内资企业合作，尽可能多地从内资企业获得相应的配套服务和采购中间产品，从而促进了内资企业的就业，独资经营的外方则会在全球范围内选择其配套服务和中间产品的供应商，而不一定是内资企业。

四是要素密集类型。外商直接投资对我国创造就业机会的效应与生产过程的劳动密集程度相关。如果劳动密集程度较高，即通常所言的劳动密集型生产，由于其需要较多的劳动力，直接创造就业机会的效应也就较大。在我国劳动密集型的工业部门，如服装业、电子制造业和食品饮料加工业的直接就业效应是非常突出的。如果劳动密集程度较低，即通常所言的资本密集型和技术密集型生产，由于其需要的劳动力不仅较少，还需要高素质的技术人员，而在一定时期内技术人员是稀缺的，只能在相关行业内吸引其他企业的现有技术人员，而在短期内只能创造就业机会，而不能增加就业量。

（2）外商直接投资所影响的国内投资活动。外商直接投资对国内投资的影响有两种情况：如果外商直接投资增加引致国内总投资的增加额超过外商直接投资本身增加额，则外商直接投资对国内投资产生"诱发效应"；如果外商直接投资增加导致的国内总投资增加额小于外商直接投资的增加额，甚至出现国内总投资额减少，则外商直接投资对国内投资产生了"挤出效应"。外商直接投资对国内投资的诱发、挤出也相应带来了对就业数量不同的影响。

一般而言，外商直接投资对国内投资的"诱发效应"，实质上是指外商直接投资与国内投资不存在激烈的竞争关系，而是面临不同的市场机会的互补关系，如外商直接投资流入如果给我国带来新技术或新产品，就会刺激国内企业为提高自身竞争力增加创新投资；或者外商投资的产业存在很强的前向或后向关联性，能够带动前向辅助性投资（主要是批量外资企业中间产品的供应商）和后向辅助性投资（主要指经销商、代理商和其他服务商）；或者外商投资于国内发展滞后、国内企业不愿进入或无能力进入的高风险、高技术产业。外商直接投资通过诱发国内投资所间接创造的就业机会是比较大的。根据《1992世界投资报告》提供的资料，国际劳工组织对跨国公司国外分支机构的实证研究提出的不完全统计认为，根据不同产品情况，后向或前向联系所能创造的间接就业机会比直接就业机会还要高2~3倍。如果市场需求有限，市场机会相同，那么外商直接投资的流入势必会挤出国内投资。和国内企业相比，外商通常拥有先进的技术、良好的经营管理，加之我国给予的税收、进口等方面的优惠政策，因而具有明显的竞争优势，导致国内企业在竞争中失利，甚至被挤出市场，随之而来的必然是失业人员的增加。如果外商通过进口切断外商进入的产业与国内其他产业原有的前向或后向产业链条，导致国内投资减少。这样，外商直接投资一方面无法带动当地生产商的发展，另一方面又使当地生产商在世界市场的竞争中失利，从而导致就业人数的无法增加，甚至引起一部分人失业。从以上分析可以看出，外商直接投资对国内投资带来了诱发或挤出效应，外商直接投资的产业与国内投资产业的前向或后向关联如何对就业数量的影响是不同的，其影响结果是复杂而变化的。

（3）外商直接投资所带动的经济增长活动。外商直接投资通过带动我国经济增长进而对就业数量产生影响是一个长期的过程。外商直接投资通过资本积累、技术扩散、制度变迁等效应促进经济增长，经济的增长会带来总需求的增加，导致国内投资规模的扩大，从而提供新的就业机会。如一些外商投资企业职工，较高的收入使他们有能力维持高消费，而较高的消费层次又引起高档消费品的开发和投资增加，产生新的劳动力需求。但是，在加速系数既定的条件下，投资加速增长对劳动力需求的影响却可以极不相同。这取决于投资的资本有机构成。因为劳动力需求是由投资中可变资本的数量决定的，不是由总的投资规模决定的。随着国民收入提高和国民经济发展，资本有机构成实际上也在不断提高，因而，投资增长引致劳动力需求的数量在相对减少。

外商直接投资在促进经济增长的过程中也会通过国际贸易、技术进步等渠道而间接影响就业数量。国际贸易的发展对就业需求的影响具有双重性。从出口来看，如果劳动密集型产品出口增加，则会带来劳动力需求的增加；知识密集型产品出口的增加会增加对技术工人的需求，缩小对非技术工人的需求。从进口来看，一方面，进口商品的增加意味着对本国商品需求的减少，这会缩减对就业的需求；另一方面，如果进口商品中初级产品比重高，则会增加对劳动力的需求。外商直接投资与我国贸易之间是互补关系还是替代关系，这种不确定关系使得跨国直接投资通过贸易渠道对就业产生的影响也具有不确定性，这种不确定性受到外商直接投资结构、我国经济发展阶段等因素的影响。外商直接投资不仅仅是资本的转移，还通过示范模仿和市场竞争、厂商之间的前向和后向联系、人力资本的流动，进行技术的转移，从而推动我国技术水平和开发能力的提高。技术作为生产过程中的投入要素，会在很大程度上对就业产生影响，比如劳动使用型技术进步使产出增加时更多增加劳动的使用，而资本使用型技术进步使得产出增加时更多增加资本的使用。技术进步一方面使新兴产业不断发展，创造出新的就业机会；另一方面也使传统产业不断衰落，就业机会减少。一般来说，技术进步快、劳动力对新技术的适应性差，经济增长创造的就业机会相对就会减少。

8.4　FDI流入→收入差距→就业转移的传导机制

FDI一方面通过投资倾斜驱动中西部地区人口和劳动力加速向东部沿海地区迁移流动，带来新增就业机会，对就业转移产生直接影响；另一方面通过加快经济全球化进程、拉大区域经济发展差距、带动技术创新和技术进步，促进区域产业结构的调整和升级等加大地区间劳动力的收入差距，对就业转移产生间接影响。FDI流入→收入差距→就业转移，这是解释中国转型时期外资与就业关系的一个新的分析框架。本部分在理论上详细分析FDI流入通过收入差距这一中间变量对就业效应的传导路径。

8.4.1　FDI流入与收入差距的关系

8.4.1.1　FDI流入影响收入差距的直接表现

外商直接投资对收入差距的直接影响表现在相对于内资企业，外资企业提供给员工更高的工资，这在发达国家和发展中国家的表现都是相同的。原因在于，外来的资本不完全熟知东道国国内的情况，员工过于频繁的流动不仅会给公司的运营带来不必要的麻烦，而且也会导致本公司机密和技术的泄露，外资企业支付较高的工资可以最大限度地留住职员，减少员工跳槽的损失；由于外商企业在管理和技术等方面的优势，它们需要吸纳高素质的劳动者，尤其是在发展中国家，这些国家高素质的员工相对较少，内、外资企业间对这种劳动者的招录竞争十分激烈，因而，较高的工资是吸引高素质劳动者的一个重要手段；同时，外商企业具有先进的技术和高效的生产，劳动力单位时间内创造的劳动价值高，这也是外资企业工资收入普遍较高的一个原因。这样看来，由于外商投资企业其本身的企业性质决定了其需要支付较高的工资。对于中国这样一个发展中国家而言，外资企业在技术层次、企业管理、劳动生产率等方面比国内企业具有更多的优势，中国的实践情况表明，外商投资企业更倾向于提供比内资企业更高的工资收入。

8.4.1.2 FDI 流入影响收入差距的间接渠道

（1）区域层面。中国各区域的比较优势差异导致了外商直接投资的区域结构不平衡，外资在东部沿海地区的密集度较大，在中西部地区投资的金额较少。根据 2010 年的统计数据，超过 85% 的 FDI 投资在东部。FDI 的区域份额悬殊导致了资本要素向东部集聚，形成了规模经济和范围经济，促进了东部地区的经济的快速发展，加大了东部地区与中西部地区间的经济差异。资金可以通过直接投资，银行间流动等方式流动，并且东部地区良好的投资环境和较大的投资利润率吸引中西部地区的资金流向此地。一方面，东部地区资本充沛，设施完备，吸引更多的资金流入形成了一个良性循环；而另一方面，中西部地区的资本外流，投资环境差，缺乏引资的动力，形成了一个恶性循环。由此可见，FDI 会导致资本在区域间流动，从而造成了区域经济结构的失衡，扩大了区域间的收入差距。

（2）产业层面。投资的最终动机是为了追求利润的最大化，外商直接投资在中国投资主要集中在收益可观的产业，这会影响到中国的产业结构的不平衡，产业发展的不平衡导致了工资收入的差异，主要表现在两个方面：一方面，外资对流入产业的选择会影响到劳动要素的边际收益，因而导致劳动者收入的变化。在中国，外资首先进入如制造业和服务业的劳动密集型产业，这为中国带来了大量的就业机会，但随着时间的推进，外资的投向逐渐转向资本和技术密集型的产业，这导致了其对高素质劳动者的需求增大，劳动者的边际收益提升，收入增加；另一方面，外资企业生产的供求结构和产品的销售结构会造成产业结构的不平衡。外介企业的生产和销售活动会在资本投入，经营利润等方面影响到与其关联的产业，从而造成与外资企业相关联的产业发展较快，员工的收入较高。

（3）贸易层面。外商直接投资的流入可以促进东道国出口贸易的发展，出口贸易的增加能够提升该国整体的福利水平，从而提升该国的收入水平。对于中国而言，从贸易的行业结构角度看，FDI主要集聚在中国的制造业和服务业，FDI的贸易促进作用对于上述两个行业表现得十分明显，因此对这两个行业员工的收入影响较大；而对于其他FDI分布较少的行业，FDI的贸易促进作用就显得微不足道。从贸易的区域结构角度看，FDI在中国区域分布的差异较大，东部地区FDI份额相对较大，因此FDI的贸易促进作用对东部沿海地区表现得较中西部地区明显，因而在一定程度上造成了东部地区与中西部地区的收入差距的扩大。

（4）技术溢出层面。FDI在发展中国家中存在技术溢出的现象。技术溢出会明显作用于不同类型企业之间的收入差距。本书将从内外资企业比较、外资企业内部和内资企业内部三个方面分析这种技术溢出对员工收入差距的影响。

对于内资企业和外资企业，外商企业创办初期，由于发展中国家技术劳动力的稀缺，外资企业较高的工资水平会吸引东道国技术工人流向外商企业。短期内，这种流动造成了东道国内外资企业员工的收入差异呈扩大的趋势；一段时间后，FDI企业技术溢出，内资企业的学习能力增强，内资企业会增加员工的收入，以吸引技术员工来到本企业提升它们的技术能力，这时，内外资企业员工的收入差距呈缩小趋势；但随着时间的推移，长期来看，内外资企业间的工资差异会逐渐趋于平稳（见图3-4中的U_3）。下面再分别从外资企业内部和内资企业内部讨论两企业内部技术员工与非技术员工的收入差异。

对于外资企业内部，外资企业先进的技术层次和管理水平造成了企业内部技术员工和非技术员工之间的收入差距，这种收入差距短期内呈逐渐扩大的趋势；但外资企业的技术溢出导致了内资企业对技术员工的需求增大，内资企业提高了技术员工的收入，结果是外资企业内技术员工和非技术员工的收入差距呈下降趋势，随着时间的推移，两种类型员工的收入差距趋于平稳（见图3-4中的U_1）。

对于内资企业内部，由于外资企业的技术溢出效应，内资企业提升了自身内部技术员工的收入，导致企业内部技术员工和非技术员工的收入差距逐渐加大。但随着FDI企业技术溢出的不断加深，内资企业会通过培训等方式来提高本企业内部员工的技术，这样，企业内部技术员工与非技术员工的收入差异会逐步趋于平稳（见图8-1中的U_2）。

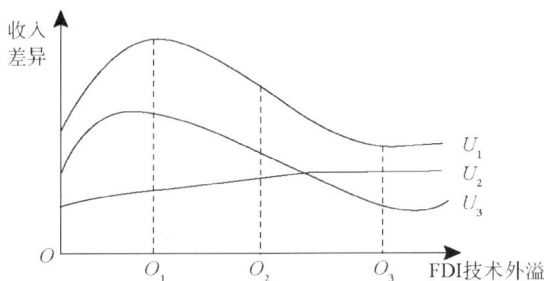

图8-1　FDI技术外溢的收入差距效应

8.4.2　收入差距影响就业转移的传导机制

在研究收入差距对就业转移的影响之前，需要了解工资收入与就业之间的相互关系。经济发展水平、供求双方的强弱等都会影响到工资收入水平，已有的研究提出了一系列工资决定理论，主要有：一是古典经济学的生存工资论，认为工资水平的最低限度是要保证劳动力日常的生活水平，如果厂商提供的工资高于这个最低水平，劳动者的数量就会增多，表现为劳动供给量增多，使工资重新变为那个最低额度；二是边际生产力分配理论，该理论认为工资受到劳动边际产品收益影响，具体表现为工资受到劳动力生产率和产品的市场需求两个因素的影响；三是均衡工资理论，剑桥学派结合了上述两种理论的思想，认为工资是由劳动力市场上的供给和需求共同决定的，劳动力供给曲线和劳动力需求曲线的交点决定了均衡工资，劳动力市场有其自身的工资调节机制。其他条件不变的条件下，当市场上的工资水平高于均衡工资时，劳动需求会减少，劳动供给量会增加，使工资重新回到均衡工资水平，反之亦然；四是谈判工资理论，认为员工的工资是有代表劳动力群体利益的工会和厂商雇主谈判确定的，在均衡工资理论的基础上，该理论认为如果工会的力量足够大，那么市场上的均衡工资可以被改变；五是效率工资理论，认为实践中雇主乐意为员工提供高于均衡工资水平的工资，这有助于提高劳动者的积极性，提高劳动的生产效率，从而实现更多的利润；六是分享工资理论，认为工资是一个浮动的金额，它应当和企业的经营效益挂钩，这有利于提高劳动效率。

可以看出，已有的工资决定理论普遍认为工资由劳动力供给和市场上对劳动力的需求以及劳动力的生产效率决定的，下面将从这个角度理论上分析收入差距与就业转移的直接关系，实践上总结收入差距对劳动力就业转移的影响。

8.4.2.1　工资收入与劳动供给量之间的逻辑关系

劳动供给涉及消费者对其拥有的既定时间资源的分配。假定劳动者每天的睡眠时间为8小时，那么它们可以自由支配的时间资源每天为固定的16小时，因此，劳动力供给的时间只能来自这16小时。除了劳动时间以外，在16小时中剩余的时间为闲暇时间，闲暇时间是指劳动者吃饭、休息和消费等活动的时间，当然也可以获得进行劳动的收入。设闲暇时间为 H，则（16-H）为劳动供给量 L。这样一来，劳动供给问题就可以看成劳动者如何配置其固定时间资源中闲暇时间的部分。劳动者选择一部分时间作为闲暇带来舒适享受，选择其余时间作为劳动供给，前者的闲暇直接增加了劳动者效用，后者的劳动可以获得收入，通过收入作用于消费在增加劳动者的效应。因此，实质上劳动者不是在闲暇和劳动二者之间进行选择，而是在闲暇和劳动收入之间进行选择，以获得效应的最大化。

因此，劳动者的效用函数为

$$U(Y,L)=f(Y,L) \tag{8-1}$$

其中，L 为劳动供给量，L=16-H；Y 为工资收入，它由工资率 W 和劳动时间（16-H）决定，有：

$$Y=W\times(16-H) \tag{8-2}$$

则拉格朗日函数为：

$$\psi=U(Y,H)+\lambda[W\times(16-H)-Y] \tag{8-3}$$

根据拉格朗日函数的一节条件和约束条件得出：

$$\frac{U_H}{U_Y}=W \tag{8-4}$$

式（8-4）说明了工资率即劳动者消费预算约束线的斜率是由收入与闲暇时间共同决定的，也就是说工资是闲暇时间的价格（高鸿业，2008）。

如果把闲暇时间看作一种商品，那么对这种商品的需求同其他普通商品一样会受到替代效应和收入效应的影响。前者是指当闲暇的价格上涨即工资上涨时，需求方会转向其他的替代商品，即闲暇价格上涨，对它的需求会减少，闲暇需求量与闲暇价格呈反方向变化，这一点与普通商品的特性相同。收入效应是指闲暇的需求量与闲暇的价格变化的方向一致，这是因为，需求方享有同样的闲暇，即提供同样的劳动量可以获得更多的收入，随着收入的增加，需求方将增加对商品的消费，这样也增加了对闲暇商品的消费。因此，随着闲暇价格的上升，闲暇需求量究竟是上升还是下降由替代效应和收入效应的大小共同决定，如果替代效应大于收入效应，闲暇需求量随其价格上升而下降；如果收入效应大于替代效应，闲暇需求即劳动力需求随着价格的上升而上升。

那么，闲暇价格的替代效应与收入效应中究竟哪个效应更明显呢？劳动供给曲线具有一个明显的特点，就是它有一个向后弯曲的部分（见图8-2）。从劳动供给曲线中可以直观地看到，替代效应与收入效应的比较要分两种不同的情况：第一种情况是，当工资较低时，随着工资的上升，劳动者为了较高的工资吸引将减少闲暇时间，增加劳动供给量（图8-2替代效应部分），此时工资的效应表现为替代效应；第二种情况是，工资的上涨对劳动供给的吸引是有限的，工资上涨到一定程度后（W_0），劳动者的劳动供给量达到最大，此时如果继续增加工资，劳动供给量不仅不会增加，反而会减少（图8-2收入效应部分），此时工资的效应表现为收入效应。现实情况中，劳动者的绝大部分收入来自由提供劳动获得的劳动报酬（也存在一些非劳动收入，如利息、红利等）。假设其他因素不发生变化，闲暇价格的上升将会大大增加劳动者的收入水平。因此，闲暇价格变化的收入效应较大。当劳动力供给量较小时，工资小幅上涨的收入效应小于替代效应；当劳动力供给量较大时，工资上涨引起的整个劳动收入增量就很大，这时收入效应大于替代效应。

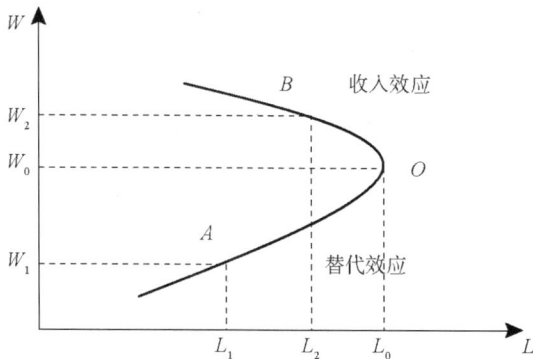

图8-2 劳动力供给曲线

资料来源：高鸿业，《西方经济学》，第五版.北京：中国人民大学出版社，2011：137.

从中国的情况来说看，中国劳动力供给量较大，劳动者整体的收入水平普遍较低，当工资率提高时，劳动者为了追求较高的收入，宁愿牺牲闲暇时间，来增加自己的劳动时间，因而中国目前的情况是替代效应与收入效应并存。在实际情况中，劳动法律明确规定了员工劳动的时间，加上其他因素的限制，厂商把劳动者乐意付出的超过正常劳动时间创造的工作量由新增加的劳动力代替完成，这样工资的提高实质上导致了就业需求的增加（见图8-3）。如图8-3所示，企业的成本约束线（L_0Q_0）与等产量线（Q）相切与于A点，此时，其企业雇佣劳动力数量和劳动力劳动的时间组合为（L_A，Q_A）。当工资提高时，在原有的成本约束线中，厂商不能完成Q的产出，因而需要重新调整劳动力数量和劳动时间的组合，以达到原有的产出水平，此时，尽管劳动力愿意付出更多的劳动时间，但是由于种种因素的限制，他们不能如愿地增加劳动时间，从另一个角度看，相当于劳动时间变相减少，这样新的成本约束线为L_1Q_1，与等产量线Q相切于B点，此时新的劳动力数量和劳动时间的组合为（L_B，Q_B）。可以看出，厂商对劳动力数量的需求从Q_A到Q_B增加了（Q_B-Q_A）。

收入因素对劳动供给量的直接影响表现在：根据效率工资理论，收入的增加有利于调动劳动者积极性而提高劳动生产率。这主要作用于三个方面，一是较高的工资收入有利于劳动者生活水平的提高和个人身心素质的提高，从而提高劳动效率；二是相对较高的工资收入有利于加深劳动者对本企

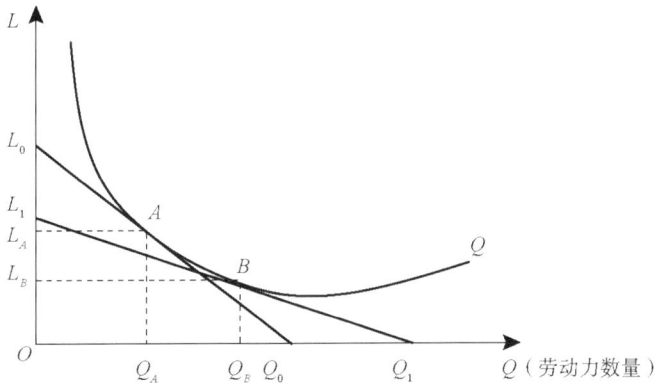

图8-3　劳动时间与劳动力需求数量作用图

业的信赖和忠诚度，使劳动者长期的留在企业，这样工作技术的熟练程度和相关工作经验使劳动效率提高；三是较高的工资收入使劳动者跳槽的机会成本增大，不仅减少了企业因员工频繁变动的损失，也使劳动者能全心全意留下工作，增加了劳动效率。劳动生产率提高是企业单位时间内的劳动产出，相当于企业在同样的生产时间和投入成本时，获得的产量增加，这样是企业的投资回报率增加，也就是企业的净利润增加。在市场中，企业会将增加的利润中的一部分投入扩大生产的过程中，从总量上看，整个市场的投资规模增加，从而带来更多的就业机会，促进了劳动力就业转移。

收入因素对劳动力供给量的间接影响表现在：增加的收入有助于促进居民在社会上的消费，从而增加了市场上企业生产出产品的消费量。社会消费的增加都有利于企业经营利润的增加。类似于前文的分析，企业会将增加利润中的一部分投入再生产的过程中，使得市场上的投资总额增加，投资增加会带来更多的就业机会。就业机会增多为劳动者提供了更多选择的机会，促进了劳动者的就业转移。

8.4.2.2　收入差距促进就业转移的作用机制

通过对已有研究文献的总结可以看出，收入差距对就业转移❶有重要

---

❶ 这体现在城乡间的就业转移、区域间的就业转移和产业间的就业转移，本文重点研究劳动力在区域间的就业转移。当然，该理论框架同样可以应用到分析城乡间的就业转移和产业间的就业转移。

的影响，这种影响主要体现在城乡层面、区域层面和产业层面上。中国是一个典型的二元经济发展中国家，作为农业部门的第一产业中存在大量剩余的劳动力，而作为工业部门的第二产业和第三产业的工资收入要高于第一产业，在劳动力市场上劳动者在可以流动的条件下，较高的工资收入会吸引劳动力向工业部门转移，这正是劳动力在城乡之间流动的原因，也是中国第一产业就业量逐渐下降，第二产业和第三产业就业量不断增加的原因之一。从区域层面上看，中国就业转移的区域特征比较明显，主要表现为劳动力由中、西部地区向东部沿海地区的转移●。就业转移是人口迁移和劳动力流动的一种表象，这种现象背后的一个动因是收入差距的作用，那么收入差距是如何引起就业转移的呢？这其中的作用机制如何？下文将以区域就业转移为例，从硬环境和软环境两个方面来探讨这一问题。

　　硬环境方面，两地区收入差距加大会导致两地区的居民消费水平和消费结构的扩大，消费的差距导致就业转移。以2010年中国人均支出的数据为例，2010年，中国东、中、西部地区人均支出分别为24197.43元、17066.16元和17492.75元。这其中，三大地区的人均支出用于满足衣食住行等基本生活需要的支出金额占比分别为54.38%、59.16%和59.25%；与之相对，三大地区的人均支出用于满足除了基本生活需要以外的支出金额（如文教娱乐、保健卫生等支出）占比分别为45.61%、40.84%和40.75%。以上数据反映出两点：一是工资收入越高的地区人均消费支出的金额就越高；二是工资收入越高的地区用于满足除了基本生活需要以外的支出金额（如文教娱乐、保健卫生等）就越大。这在现实生活中也可以得到体现，比如一些经济发达的地区，居民的收入高，电视、洗衣机等家庭基本耐用消费品已经普及，甚至私家汽车、休闲娱乐活动等其他消费品也逐渐进入升级换新阶段；在一些经济发展落后的地区，电视、洗衣机等家庭基本耐用消费品可能还未普及，更不用说私家汽车、休闲娱乐活动等其他附属消费品的使用了，甚至一些农村地区的家庭还未脱离贫困。这种源于收入差距的消费水平和消费结构的差距促使了劳动力易于向收入高的地区流动，

　　● 后文将通过统计数据翔实地描述这一点。

以获得更好的生活水平。

软环境的作用表现在心理因素和家庭劳动力资源的配置两个方面。从心理因素上说，为了获得更高的收入，劳动力向收入较高的地区流动。在获得更高收入的同时，劳动者个人会感到自己在家庭的相对经济地位或者自己所在家庭在家乡的相对经济地位发生变化，这种精神上的满足或内心的愉悦使得劳动力发生就业转移。从家庭劳动力资源的配置上说，对于收入不稳定、对收入的自然环境依赖性强的家庭（尤其是农村家庭）而言，家庭内部有人外出务工是其规避收入风险，增加收入的一个渠道❶。这种类型的家庭通过对内部劳动力资源的合理配置，获得家庭受益的最大化。由此可见，从心理因素和家庭劳动力资源配置的角度来说，收入差距导致了就业转移。

可以通过几何图形来更明确的表示收入差距对就业转移的影响❷（见图8-4）。图8-4中，即就业量❸。根据劳动供给曲线，可以画出平均工资与就业需求的曲线 L_1 和 L_2，两条曲线相交于点 E，E 点为劳动力市场上的均衡点，此时的均衡工资为 W_E，均衡就业量为 L_E。

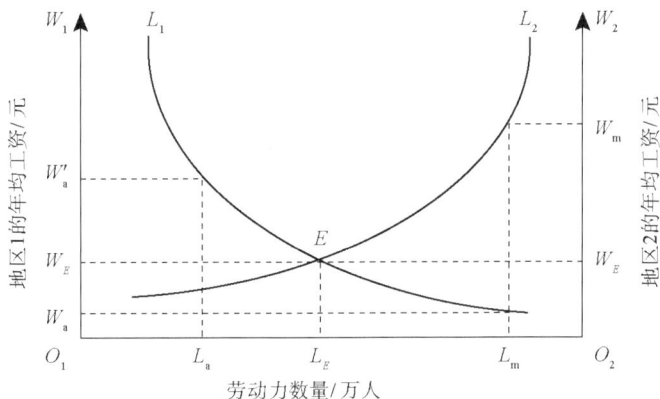

图8-4 收入差距对就业转移的影响示意图

---

❶ 此处仅从劳动者个人为"理性经济人"的角度分析，暂未考虑劳动力流动带来的其它影响。

❷ 该理论分析沿用托达罗（1997）的思想。

❸ 假定市场上只存在两个可供劳动力就业的地区，劳动者为理性经济人。

当地区2提供的工资上涨到W_m时，地区2的就业需求量发生改变，变为L_m，而此时对于地区1来说，L_m对应的工资为W_a，这时，两地区工资水平的差距为（$W_m - W_a$）。在劳动力可以自由流动的情况下，这种工资差距会导致劳动力从地区1流向地区2，设地区1的劳动力流动的期望工资为W_a'，此时，该工资水平在地区1对应的就业量为L_a，两地区的工资差异为（$W_m - W_a'$）。（$O_1 - L_a$）为地区1的就业量，（$O_2 - L_m$）为地区2的就业量，（$L_m - L_a$）为流动的劳动力数量，这部分劳动力可能就业也可能没有找到工作。根据托达罗模型的思想，地区1的劳动力在地区2的预期收入为：$W_m \times$（$O_2 L_m / O_2 L_a$），那么，新的劳动力市场均衡的工资为

$$W_a' = W_m \times \left(\frac{O_2 L_m}{O_2 L_a} \right) \tag{8-5}$$

劳动力流动的数量可以表示为

$$L_a L_m = O_2 L_a - O_2 L_m \tag{8-6}$$

根据式（8-5），可以解出：

$$O_2 L_m = O_2 L_a \times \frac{W_a'}{W_m} \tag{8-7}$$

将式（8-7）代入到式（8-6）中，可以得出：

$$\begin{aligned} L_a L_m &= O_2 L_a - O_2 L_m \\ &= O_2 L_a - O_2 L_a \times \frac{W_a'}{W_m} \\ &= O_2 L_a \times \frac{(W_m - W_a')}{W_m} \end{aligned} \tag{8-8}$$

式（8-8）中的（$W_m - W_a'$）就是两地区的工资差距。由此可见，两地区间劳动力的流动与收入差距因素之间存在呈正比关系[1]。

8.4.3　FDI流入→收入差距→就业转移的传导路径

综合上述分析，FDI流入会导致收入差距的扩大，从而导致劳动力的就业转移。这其中的传导渠道为：FDI通过提高员工收入的直接效应和通

---

[1] 这里为了便于分析，暂未考虑劳动力流动的成本，但这并不影响分析的结果。

过影响区域结构、产业结构、贸易结构和技术溢出的间接效应来影响收入分配差距；而收入差距通过消费水平和消费结构的差异与劳动者个人的心理因素和整个家庭劳动力资源配置的两个渠道最终影响到劳动力就业转移。FDI流入→收入差距→就业转移的这种作用路径可以用一个传导图详细表示（见图8-5）。

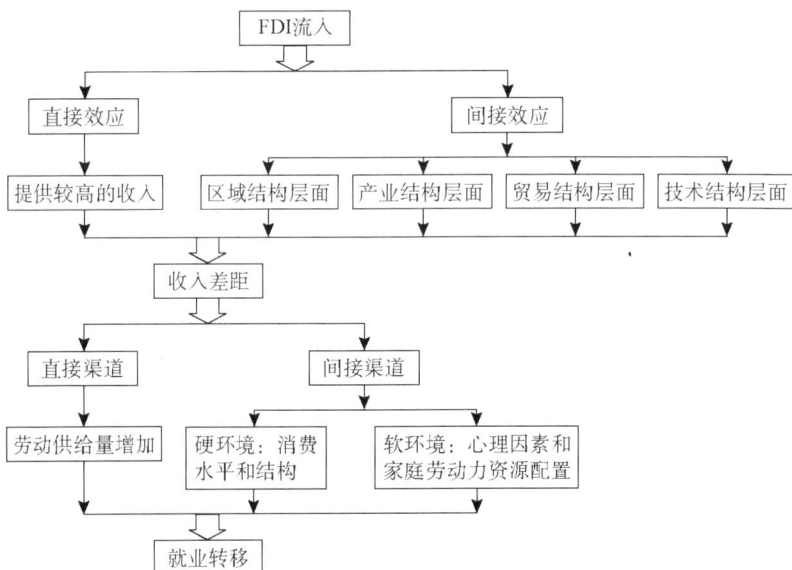

图8-5　FDI流入→收入差距→就业转移的作用路径

8.5　本章小结

经过改革开放以来20多年的高速增长，中国经济发展已经进入了一个以城市化为主导的发展阶段，发展的核心内容是通过生产要素的自由流动，实现经济的可持续和协调发展。劳动力的就业转移一方面是中国经济增长方式的需要，是经济发展进入需求拉动的买方市场发展的需要，另一方面是社会主义市场经济体制建设的必然结果。劳动力的就业转移，尤其是农村剩余劳动力的流动，意味着大量农村人口持续流入城市，这是社会转型的一个必然过程。

　　随着沿海出口导向型工业的大发展以及产业结构的演变，大量农村劳动力离开农业，转入非农产业，从"离土不离乡"到"离土又离乡"，流向沿海地区和各级城镇，基本改变了过去人口稀疏区扩散的模式，转而向人口密集区聚集。在改革开放背景下，中国劳动力流动模式实际上正是中国就业岗位空间分布不平衡的结果，全球化以及因此导致的外商直接投资的流动则是出现这一结果的重要原因。FDI 一方面通过投资倾斜驱动中西部地区人口和劳动力加速向东部沿海地区迁移流动，带来新增就业机会，对就业转移产生直接影响；另一方面通过加快经济全球化进程、拉大区域经济发展差距、带动技术创新和技术进步，促进区域产业结构的调整和升级等加大地区间劳动力的收入差距，对就业转移产生间接影响。在这种影响机制中收入分配差距是 FDI 影响就业转移的一个重要传导途径，表现为：FDI 流入导致了收入差距的扩大，从而导致劳动力的就业转移。因此，FDI 流入→收入差距→就业转移，这是解释转型时期中国外商直接投资与就业关系的一个新的分析框架。

第9章　利用FDI促进中国就业的政策选择

　　中国是一个二元结构明显的发展中国家，劳动力虽然成本低，但是熟练度并不高。我国加入世贸组织以来，国内企业更多的和国际企业接轨，就业受外商直接投资的影响也越来越大。中国的二元结构也在逐步的转变中，制造业和建筑业中的外资企业吸纳就业的优势明显。外商直接投资不仅促成了中国就业数量的绝对增长，对劳动力就业质量提高也不容小觑，主要表现在提升劳动生产率工资水平、完善就业结构和增加人力资本投资等方面。区域间要素的流动有的能够提高经济效益，有的会降低经济效益。因此，判断区域间要素流动的合理性必须以经济安全为前提，以经济效益为根本标准，即在保证经济安全的基础上，能够获得更优经济效益的要素流动就是合理的流动，否则就是不合理的流动。FDI流入带来了先进的技术和管理经验，带动了国内投资的增加，但FDI流入带来的就业转移效应在一定程度上会对一国的经济安全造成影响，劳动力流动与就业转移也会为一国带来积极效应与消极效应。因此，如何评价外资流入和就业转移的影响是当前中国引资过程中需要面对的一个重要问题。

　　在全球经济危机的背景下，中国吸引外商直接投资的脚步逐渐放缓，及时并高质量地运用FDI对中国就业影响巨大。一些跨国企业或投资者由于受到金融危机的影响，无法筹措资金继续进行投资。在外部订单减少的影响下，很多外商企业和国内企业面临着亏损甚至倒闭的威胁，削减生产甚至裁员，从而加剧了就业转移，这凸显了利用FDI促进就业和谐政策制定的必要性。

9.1　FDI流入与就业转移的评价

资本集聚会产生外部经济或规模经济，即资本在空间上的相对集中使得各项目的投资活动变得更有效率和经济合理。但是，资本集聚超过了一定的限度又会产生过度集聚的负效应，从而使先前的正效益被逐渐抵消，严重的甚至会危及到一国的经济安全。这表现在：第一，各种原料、燃料需要量大增，使原料、燃料和产品的间距过长，因而流通过程中的劳动耗费增加；第二，资本过于集聚，大量生产和生活排泄物的集中排放，往往超过环境的自净能力，造成环境污染和对生态平衡的破坏，于是，为了保持环境质量不得不耗费巨资兴建人工净化处理设备，从而增加了环境保护费用；第三，资本的集聚必然伴随劳动力转移，从而形成人口的集聚，由此产生了很多外部负效应，如交通拥挤，治安状况恶化，收入差距扩大等。这些负效应的产生，必然在一定程度上抵消了资本集聚的正效应。由此可以看出，资本集聚有一个最优的集聚度，也就是资本集聚带来的正效应最大、负效益尚未产生的均衡点。以下分别从FDI流入对经济安全的影响和劳动力就业转移的积极影响与消极影响两方面对要素的流动进行评价。

区域间资本流动是一个动态的、不断变化的过程，很难对其合理性在数量上予以精确的计算，无法估量有多少资本流入到某一地区，又有多少资本流出某一地区才是合理的。只能从理论上找出其中的规律性的东西并遵循而不违背这些规律，才能使区域间资本的流动趋向合理。为了评价FDI流入的合理性，本书将FDI流入与收入差距和就业等指标结合起来，评价它们对国家经济安全的影响，以各年经济安全的得分来判断FDI流入对国家经济安全的影响，由此判断FDI流入的合理性。

对于中国经济安全的研究，雷家骕（2006）提出了国家经济安全是指一个国家能够抵御各种来自国内和国外的威胁的经济实力。狭义上，国家可以抵御经济受到外部的冲击和损失；广义上，国家的战略部署以维持其国家的经济中各种不确定危险因素，其含义是经济稳定、健康的发展。简单来说，经济安全就是指一个国家的经济有足够的防御能力，能够抵御国内和外部因素的不利影响，以保持经济稳定运行。有许多因素会影响国家经济安全。本文从收入分配的视角评价FDI流入对中国经济安全的影响，构建了一个包含FDI、收入与就业等相关因素的指标体系（见表9-1）。

表9-1　经济安全评价指标体系

经济发展安全	X_1：FDI占GDP的比率
FDI来源安全	X_2：实际利用外资额占合同利用外资额比重
	X_3：来自亚洲外商直接投资占所有FDI来源结构
	X_4：来自北美洲外商直接投资占比
就业安全	X_5：FDI企业就业人数占全国就业人数
收入分配安全	X_6：FDI平均劳动报酬占全国合计平均劳动报酬比重
就业结构安全	X_7：东部地区就业占全国就业总量的比重
	X_8：中部地区就业占全国就业总量的比重
	X_9：西部地区就业占全国就业总量的比重
	X_{10}：第一产业就业占全国就业总量的比重
	X_{11}：第二产业就业占全国就业总量的比重
	X_{12}：第三产业就业占全国就业总量的比重
收入结构安全	X_{13}：东部地区收入占总收入的比重
	X_{14}：中部地区收入占总收入的比重
	X_{15}：西部地区收入占总收入的比重
区域经济发展安全	X_{16}：东部地区实际使用外资金额占全国实际使用外资金额比重
	X_{17}：中部地区实际使用外资金额占全国实际使用外资金额比重
	X_{18}：西部地区实际使用外资金额占全国实际使用外资金额比重

使用因子分析的方法，计算各年经济安全状况的得分，评价FDI流入对经济安全的影响，以此来判断FDI流入的合理性。因子分析的基本思想是将众多影响指标因素整合归类，选取具有代表性的因子（因子的累积方差贡献率在85%以上）来描述多变量之间的关系。结合1990—2010年中国相关指标的数据，使用Eviews 6.0软件对数据进行处理，可以得出指标的特征值和方差贡献率（见表9-2）。

表9-2　指标的特征值与方差贡献率

因子	特征值	方差贡献率(%)	累计贡献率(%)
1	9.06051	0.5663	0.5663

因子	特征值	方差贡献率(%)	累计贡献率(%)
2	3.14327	0.1965	0.7627
3	1.41761	0.0886	0.8513
4	0.97221	0.0608	0.9121
5	0.52526	0.0328	0.9449
6	0.39936	0.0250	0.9699

数据来源：表中数据根据Eviews的计算结果得出。

可以看出，前三个因子的累积方差贡献率已经超过了85%，提取3个因子为公因子，通过方差最大化的方法对因子进行旋转，得到旋转后的因子载荷矩阵。根据该矩阵，得出了由3个公因子组成的经济安全评价矩阵（见表9-3）。

表9-3　因子载荷矩阵表

变量	因子1	因子2	因子3
X_1	−0.2613	0.2642	−0.1240
X_2	−0.1401	0.2268	0.5225
X_3	0.3217	−0.1185	−0.0288
X_4	0.2945	0.2437	0.0759
X_5	0.2057	0.2087	0.2962
X_6	0.0811	0.3496	0.0651
X_7	0.1286	−0.4445	−0.3174
X_8	0.3252	0.0725	−0.0299
X_9	0.2856	0.1911	0.0399
X_{10}	0.3003	−0.2201	0.0073
X_{11}	−0.2636	−0.1655	−0.1306
X_{12}	0.1201	0.4331	−0.3389
X_{13}	0.0135	−0.3212	0.6072
X_{14}	−0.3213	−0.0902	0.0536
X_{15}	0.3289	0.0252	−0.0345
X_{16}	0.2890	0.1575	−0.0715
X_{17}	−0.3558	0.3918	0.6512
X_{18}	0.1072	−0.5904	−0.7060

数据来源：表中数据根据Eviews的计算结果得出。

根据因子载荷矩阵中指标的权重和适当的调整，因子1中包括的指标有：X_1、X_5、X_6、X_7、X_{10}、X_{11}、X_{12}、X_{13}、X_{16}、X_{17}和X_{18}；因子2中包括的指标有：X_8、X_9、X_{14}和X_{15}；因子3中包括的指标有：X_2、X_3和X_4。这三类因子从不同角度全面的反映了原始指标对评价经济安全的作用，将他们分别称作综合因子（包括FDI与区域经济发展、FDI带来的就业与收入差异）、中西部地区发展因子（包括中西部地区的就业结构和收入结构）以及FDI来源因子。因此计算主成分因子的得分：

$$\begin{cases} Y_1 = -0.2613B_1 - 0.1401B_2 + \cdots + 0.1072B_{18} \\ Y_2 = 0.2642B_1 + 0.2268B_2 + \cdots - 0.5904B_{18} \\ Y_3 = -0.124B_1 + 0.5225B_2 + \cdots - 0.706B_{18} \end{cases} \quad (9\text{-}1)$$

以每个因子的方差贡献率作为因子的权重计算各年经济安全的得分为：

$$Y = 0.6652Y_1 + 0.2308Y_2 + 0.1041Y_3 \quad (9\text{-}2)$$

由此得到各年经济安全的得分及排名（见表9-4）。

表9-4　1990—2010各年经济安全的得分及排名情况

年份	得分	排名	年份	得分	排名
1990	1.0916	9	2001	1.1170	6
1991	1.0836	11	2002	1.0912	10
1992	1.0529	13	2003	1.0400	14
1993	1.0766	12	2004	1.0041	16
1994	1.1103	7	2005	0.9727	20
1995	1.1087	8	2006	0.9657	21
1996	1.1415	4	2007	0.9768	19
1997	1.2169	1	2008	0.9897	17
1998	1.1999	3	2009	0.9960	16
1999	1.2150	2	2010	0.9851	18
2000	1.1356	5			

数据来源：表中数据根据Eviews的计算结果经过通过式（9-1）和式（9-2）计算得出。

将上述结果按照得分情况进行分类，以0值为界限来判断经济是否安全，可分为以下几种类型：不安全$\in [0, -\infty)$；比较安全$\in [0, 1)$；基本安全$\in [1, 2)$；非常安全$\in [2, +\infty)$。上述分类的基本含义是：得分小于0分表示经济情况不够安全，国家应采取一定的措施确保经济安全；比较安全是指当时经济情况不属于危险状态但也不属于特别安全的状态，部门应提高警惕，以防不安全的情况发生；基本安全是指经济情况整体上运行稳定，但也需要继续改善来达到最优的状态；非常安全是指国家的经济情况非常好，经济运行相当稳定，是一种最优的状态。

根据历年来经济安全的得分，1990—2010年，中国经济安全的情况总体上都处在比较安全及其以上状态。20世纪90年代初，外商直接投资流入中国的金额较小，因而对中国经济安全的影响较弱，经济安全的状态比较稳定；1997年亚洲金融危机时，中国的市场尚未完全对外开放，并且国家实施了积极的宏观调控政策，FDI对中国经济安全的影响也比较小；2000—2004年，中国的经济平稳发展，就业状况也较稳定，经济安全又回到了一个稳定的状态，各年的得分和排名也比较稳定；但2005年大量FDI流入中国，带来了收入差距的扩大，这对中国经济安全的影响也比较大，加上2008年以来的金融危机，相当数量的外资企业经营状况每况愈下，大量企业运行情况不佳甚至倒闭，造成大量员工失业返乡，这导致2005年以来中国经济安全的得分和排名都比较靠后。由此可见，FDI流入对中国经济安全的影响比较明显，国家应积极引导FDI的区域和产业分布，确保居民收入分配和就业的公平，这在一定程度能够保障国家的经济安全和经济平稳运行。

9.2 利用FDI促进就业的政策选择

相关政策的制定应遵循政策制定的参与主体多元化、政策执行监督过程的透明化和政策效果评价的价值取向兼顾科学和长远的原则。政策制定的参与主体多元化体现在政府应从实现多主体参与的制度化和法制化以及加强信息听证制度、公民公开建议和批评制度等具体制度建设入手，以完善中国利用FDI促进劳动就业政策的制度环境。政策执行监督过程的透明化体现在建立和形成长效监督机制；设立能衡量不同机构绩效的管理机制，完善舆论监督制度。政策效果评价的价值取向兼顾科学和长远体现在政府提升政策的价值取向，运用兼顾科学和长远的方法，重新定位其功能并进行重构，这主要在制定政策的过程中要考虑劳动者、引资企业和和谐社会的长远发展，依据引资环境和劳动力市场的变化，科学的引导，注重企业的研发部门的能力提升，提高劳动者的素质与就业能力，促进整体就业发展。基于上述原则，笔者认为可以采取如下相关政策。

（1）调整 FDI 引进思路，优化投资环境。继续坚持引进来的思路，逐步取消对外资的超国民待遇，同时注重提高外资的规模与质量，加强对外资的技术要求，优化产业结构，大力引进深加工业和技术密集型项目，努力实现向技术含量高、附加值大的项目转移，改变目前一般加工工业和劳动密集型企业占主导地位的局面。发展高新技术产业，提高自身的创新能力，借鉴跨国战略联盟的方式和跨国公司搞合作开发。

把劳动密集型产业作为中国利用外商投资的重要领域。中国吸引外商投资的一个重要因素就是劳动力的丰裕及其低成本，可在利用外商投资的领域中因势利导，将这一比较优势继续发扬光大。限制市场已饱和且与内资企业存在明显竞争关系的行业的外商投资。外资进入后除了具有增加中国总就业的正面效应外，可能也会存在一定的负面效应，即就业的"挤出效应"。其主要原因是外资与中资企业争夺有限的市场机会、生产要素和市场空间，使得优质要素向外资企业倾斜，导致国内企业在竞争中失利，甚至被挤出市场，随之而来的必然是失业人员的增加。因此，在引资政策导向上限制市场已饱和、且与内资企业存在明显竞争关系的行业的外商投资是非常必要的；鼓励外商投资开发新产品，弥补中国市场空白，或开发、创造更大的消费市场。消费市场的扩大会进一步刺激新的投资，引发新的就业需求，创造新的就业机会；支持外商投资企业使用国产投资品，从而提高投资乘数，扩大就业规模。

（2）加强投资引导，缩小区域和产业间的投资差距。政府应该利用积极的财政政策加大对欠发达地区和农村的基础设施和公共服务投资，这样不仅有利于打破城乡二元结构，还可以改善区域经济发展的不协调状况。中西部地区加大吸引外资的力度，利用本地区的比较优势，缩小同东部地区的差距。加快中西部的引进外资工作，首先要改善中西部地区的投资环境，改善其能源、交通、通信等基础设施的建设；其次，要适当扩大中西部地区开放范围和幅度，可利用中西部地区劳动力多、资源丰富等特点，引导外资企业中的劳动密集型产业和一般加工工业投向中西部；最后，在政策上对中西部地区实行优惠，放宽其引进外资的审批权限，加强对中西部地区的政策扶持，对FDI的流向进行合理引导，使之更多流向中西部地区。

FDI在中国的行业分布上具有非常明显的非农偏向，FDI对农业的投资极度缺乏，大量资本流入到了工业尤其是制造业和房地产业，这种投资偏好与中国国内资本的流向是一致的，也是造成中国产业结构失衡，农业基础地位进一步削弱的原因之一。因此，必须加大对外商直接投资行业引导的力度和布局，引导外资更多地流向第一产业和一些薄弱的第三产业部门。外商对中国第三产业的直接投资主要集中在房地产业、社会服务业、商业和交通运输等部门，而在金融保险业、卫生体育、社会福利业、科研和综合技术服务业以及教育和文化艺术等部门，外商投资比重仍很低。因此，应当引导外商更多地进入第一产业，以加强农业的发展水平特别是科技水平，应当有步骤地引导外商对这些行业的投资，以促进这些行业的发展和经营效率的提高。

（3）定期评估FDI的就业政策，增强其实施效果。为了提升整个经济系统中社会利用FDI的效率，可以建立一种衡量系统中各类机构FDI利用高效率的管理机制，这是非常有必要的。例如，法国主要采用三类政策评估方法：第一种是采用评估处，这种方式一般是省级别的政府机构使用；第二种方法是采用评估专员，这种方式主要运用于大型城市（5万人以上）；第三种方式是针对大型区域进行项目评估，设立集体性的评估机构。整个评估过程包括5个阶段，分别是前期论证阶段、基础准备阶段、资料收集阶段、资料分析阶段和综合汇总阶段，并采取定性与定量分析相结合的方法进行。此外，在评估过程中，政府可以选择将评估全过程向新闻媒体开放，以此收集与问题相关利益群体的意见并在报告中得以反映，最后通过这种方式形成评价报告。通过这种科学的评估方法评价引资政策的实施，能够使引资政策可以更有效地执行，并增强其对就业促进方面的作用。

（4）加强培训，优化就业服务体系。政府还应从战略的高度上认识利用FDI对于增加劳动就业的重要推动作用，为了解决中国就业数量有效需求不足的问题，需要建立科学系统、覆盖面广的保障体系。发挥电子计算机和网络在就业服务中的重要作用，强化信息手段如建立电子化的服务系统是提高就业服务体系效率的重要途径之一。政府可以在相关网页上发布信息，实现各团体间的信息资源共享，消除就业服务机构的分割；还可以在互联网上建立为劳动力和用人单位提供就业信息交换的专业网站；及时注意就业网站的信息及时更新以及完善就业市场信息公开发布系统；采取相关的引导措施，形成有力的政策导向体系，做好培养人才和人才需求的衔接工作。将目光投向提高中国的劳动力素质，开发人力资源，借以提高劳动者的综合实力。首先，政府要改进财政支出和教育政策，将更多的资金和师资投向中西部，促进那些地方的教育发展。其次，建立多层次的教育路线：除了义务教育、高中和高校教育，还应该增加职业教育。再次，政府所引导的就业培训方式应该朝着多方面发展，遍地开花，同时应该和社会企业需求紧密结合，使得劳动者不会和社会脱轨。在一定程度上免去他们的后顾之忧，既要在就业培训中增强实践能力和求职技巧，又积极开展对初级劳动者的职业技能训练，形成多层次的教育培训机制。最后，政府可以在就业培训方式上做文章，对求职者的职业实用技能进行强化培训，及时调整培训的内容和方式，以满足FDI企业对劳动者素质的要求。

（5）完善相关配套措施，促进劳动力合理流动。相关的配套措施包括改革居民的户籍制度和完善居民的社会保障制度。户籍制度的改革的方向是创造劳动力自由流动的制度环境。在有充足财政投入保证和城镇承载力允许的情况下，建立以实际长期居住地为人口登记地，取消其他福利政策附加的人口管理制度，只有这样，才能真正实现居民的身份平等。尽管上述改革是一个长期的渐进的过程，但这种改革的目标和方向是明确的。采取切实步骤消除各种阻碍劳动力在地区之间、行业之间、阶层之间流动的制度障碍，提高整个社会的流动性，实现农民工与城镇居民在就业身份上的平等，尽可能缩小因外商直接投资的地区分布不平衡所带来的地区就业机会不平等，以及由此带来的地区间收入差距。

社会保障能够为居民提供基本的生活保障，提高劳动力的生活安全感和就业能力，因此，完善的社会保障体系是劳动力就业的安全港。社会保障是一国政府进行收入再分配的一个重要途径，政府利用自身的权利，通过收入转移和互助互济，为弱势群体提供基本生活保障。这不仅可以调节和控制国民收入分配的格局和满足社会的需求，还可以在一定程度上缩小社会成员之间的收入差距，有利于维护社会的公平与稳定。因此，政府应完善相关法律法规，加强监督和检查，切实保障劳动者的合法权益，逐步建立一种有利于劳动力就业转移的社会保障制度，创新管理方式，实现社会保障金的跨区域管理，以更好地利用这种机制来调节居民间的收入差距。

从目前的发展情况来看，在就业人员的结构中，农民工在劳动力市场中占据着很大一部分比重，而且还有扩大的趋势。这主要是因为在就业中农民工这一群体所表现出来的特点是流动性比较大，而且持续的时间比较短。地方政府可根据本地的流动人口和公共服务能力的实际情况，规定一定的居住期限，当流动人口达到这个界限时，可享有与当地居民同等的就业待遇。这样不仅可以提高流动人口的政治、经济和社会地位，而且也有助于解决一些根深蒂固的社会问题。在中国的经济体制下，劳动力的流动政策的制定有许多的形式，主要是采用信息交流或者信息发布的方式，通过这样的方式来引导农民工流动的方向的有序性，目的在于增加农民工就业的比重，也就降低了长期失业的概率，最终的效果就是中国劳动力就业的水平有所提升，经济的发展速度也会加快。当然，这一政策的制定主要是针对中国劳动力中长期失业的弱势群体，劳动力的流动性对中国的经济起着很重要的作用，控制得好会促进中国经济的发展，保障社会的安定和团结。因此，制定这一劳动力流动的政策所需要的成本应该由国家政府来承担，确保政策的制定和执行。

9.3 本章小结

资本的区际流动，首先表现为资本配置在各区域间数量的变化，但隐含在数量变动背后的是制度、运行机制的变动。外商直接投资的流动直观表现为区域间投资总额的变化，这种投资的变化在很大程度上影响了劳动力的就业水平，在运用经济效益衡量资本流动的合理性时，还必须将短期的经济效益与长期的经济效益、局部的经济效益与整体的经济效益结合起来。资本流动的合理性应该更多的着眼于长期经济效益和整体经济效益，尽管在短期内不能取得更优的经济效益，仍然认为能够获得长期经济效益和整体经济效益的资本流动是合理的；如果这种追求自身利益是以牺牲长期经济效益和整体经济效益来获得短期的经济效益或局部的经济效益，应该认为这种资本流动是不合理的。因此，在评价FDI流入的合理性时，本书将其与国家整体经济安全的状况结合在一起考虑，从工资收入和就业等方面建立指标评价体系，运用因子分析的方法，结果表明，FDI流入对国家经济安全的影响总体上是积极的。

就业转移造成影响的多面性，使经济和社会发展受到不同的作用力，其产生的效应也比较复杂，但我们认为劳动力的就业转移在中国目前特殊发展背景和形势下，其主流方向是应当肯定的。劳动力空间流动是实现劳动力充分就业的一个途径，从这个意义上讲，就业转移在一定程度上促进了国民经济的发展，缓解了中国农村劳动力过剩与土地资源短缺的矛盾，增加了整体居民的收入，是有益于社会发展的。

经济发展的本质是改善人民的生产环境和生活条件。但由于人口特征差别的普遍存在，劳动者起点的差异也无法彻底消除，由此客观的决定了劳动力收入差距的存在。因此，政府在制定引资政策时，应继续坚持引进来的思路，但要调整FDI引进思路，吸引优质外资流入；加强投资的引导，以缩小区域和产业间的投资差距。同时，还应对劳动者加强培训，以提升劳动者的就业能力；开展多种形式的就业服务，优化就业服务体系，拓宽劳动者就业渠道；完善相关配套措施，保障劳动力的合理流动；为收入分配的公平提供制度保障。以人为本的理念要求国家和社会保护社会中的弱势群体，保护劳动者的生存权利、劳动权利和自主择业权利。政府应从根本上建立相对统一的劳动力市场，避免城乡劳动力市场的严重分割，以实现劳动力的合理流动和劳动力资源的有效配置，为完成中国经济发展的转型和增长方式转变提供丰富的人力资源基础。

第10章　总结与研究展望

本书以当前中国利用外资进入新的发展阶段、国内就业和结构调整面临新形势为背景，通过对就业理论和劳动力流动理论、收入分配理论、FDI与就业关系等相关理论进行演绎和归纳提出一个新的分析框架：FDI流入→收入差距→就业转移。深刻揭示FDI流入对收入差距及收入差距劳动力就业转移的关系，传导渠道及作用机制；结合中国的相关数据，分析了中国目前FDI、收入差距及就业的区域差异现状；挖掘的劳动力就业转移的成因；利用联立方程模型测算了FDI流入对就业转移的直接效应及其通过收入因素对就业转移的间接效应；构建CGE模型，从收入差距的视角，模拟分析了不同情景下，FDI流入对就业转移的效应；最后得出相关政策启示。主要结论有：

（1）FDI流入→收入差距→就业转移的作用关系。FDI流入会导致收入差距的扩大，从而导致劳动力的就业转移。这其中的传导渠道为：FDI通过提高员工收入的直接效应和通过影响区域结构、产业结构、贸易结构和技术溢出的间接效应来影响收入分配差距；收入差距通过消费结构和消费水平的差异以及劳动者心理因素和家庭劳动力资源优化配置的两个渠道最终影响到劳动力就业转移。这是由于中国劳动力市场的特殊性和收入因素的主导地位决定的。中国劳动力市场呈现出总量上供求不平衡、结构上多重分割现象严重、市场制度不完善等特征。同时，收入因素也是导致劳动就业转移的重要因素。追求高收入是劳动力就业转移行为发生的实践表象，劳动力流动的比率与收入差距有显著的关系，但这种关系不是一般意义上的线性关系，而是一种呈某种比率的几何关系，这一点可以在微观理论的推导中得到证实。

（2）中国外商直接投资、收入差距及劳动力就业转移的差异现状。从描述 FDI、工资收入和就业在三大地区间的差异现状入手，通过历年的标准差数据揭示了三者区域差异的变化趋势，使用泰尔指数对三个变量区域差异的影响因素进行分解，得出区域间差异对造成 FDI、工资收入和就业区域差异的贡献最大。FDI 和工资收入的区域差异导致了劳动力就业转移，根据 2000 年和 2010 年的两次全国人口普查数据，比较分析了人口迁移的区域特征。就业转移在很大程度上是人口迁移的一种表现，这进一步呼应了 FDI 流入→收入差距→就业转移这一思路。

（3）劳动力就业转移的成因。就业状况是一个地区就业格局的静态反映，就业人口的跨区域流动是区域就业结构相对变化的动态表现形式。中国人口流动和劳动就业转移的区域特征比较明显，主要表现为区域内部人口的迁移和区域间人口的迁移。根据第五次全国人口普查的数据：1990—2000 年间人口总迁移中，人口由中部向东部的迁移占 41.5%，由西部向东部的迁移占 19.3%，中西部合计向东部地区的迁移占 60.8%，而东部向中西部迁移的占比合计为 5.91%。而第六次人口普查的数据表明：2000—2010 年间，人口由中部向东部的迁移占 43.18%，由西部向东部的迁移占 20.04%，中西部合计向东部地区的迁移占 63.22%，而东部向中西部就业转移的占比合计为 4.48%。两次人口迁移的数据对比来看，由中、西部流向东部的占比分别上升 3.8% 和 3.6%，由东部流向中、西部的占比下降，两地区合计下降 16%。由此可见，改革开放以来特别是 20 世纪 90 年代以后中国区域间人口流动及就业转移进程明显加快，其主要原因是全球化背景下以跨国公司为主导的 FDI 在区域间的流动引致的就业机会和区域收入差距。

（4）FDI 对区域就业差异和就业结构变迁的作用。从整体上看，FDI 加大了东、西部地区的就业差异，缩小了中部地区的就业差异。具体表现为：FDI 差异对东北、华东、华南、西北、西南地区就业差异的效应为正，对华北、华中就业差异的效应为负。工资差异缩小了中、西部地区的就业差异，加大了东部地区的就业差异，具体表现为：工资差异对东北、华东、华南地区就业差异的影响为正，对华北、华中、西北、西南地区的就业差异的影响为负，东部地区就业对工资的变化更敏感。从区域发展的趋势来看，FDI首先流入我国东部地区，进而向我国中、西部地区转移。随着FDI流入的增加，东部地区将成为吸纳就业人员的主要地区，并带动大量劳动力转移到此，但其吸纳就业人员的能力将严重下降。随着我国国家宏观经济政策的调整，政府加强对外资企业投资流向的引导，外商企业投资在我国中、西部地区的比重有所提高，中部地区将成为承接劳动力转移的重要地区。由于FDI对就业作用的滞后性，使得区域就业不均衡的状况短期内不会改变。长期来看中部未来可能会成为吸纳就业的主要区域之一。区域间FDI的差异导致了区域就业的差异，中部利用FDI的就业创造的效率最高，中部地区吸纳就业的能力比东、西部地区强，目前全国的就业形势表现为中部转移。

（5）FDI流动与就业的长期均衡与短期波动的关系，以及FDI对区域就业动态作用的路径变化。FDI流动的区域分布不均，导致我国区域结构发展不均，从而导致就业的区域不均衡。VAR模型和脉冲相应分析的结果表明：FDI与三大区域就业人数之间存在长期协整关系。FDI流入每增加1个百分点，会引起东部地区就业人数的减少，其他地区就业人数的增加。说明长期来看，FDI对东部地区就业的负效应相当明显，随着劳动力素质的不断提高及技术改革等对人力资本的需求将大大减少。FDI的就业效应具有滞后性，且长期吸纳效应和短期挤出效应并存。东部地区是承接FDI流入的首要地区，并带动大量劳动力转移到该地区，但随着我国国家宏观经济政策的调整，政府加强对外资企业投资流向的引导，外商企业投资在我国中、西部地区的比重有所提高，中、西部地区将成为承接劳动力转移的重要地区。由于FDI对就业作用的滞后性，使得区域就业不均衡的状况短期内不会改变。长期来看中部地区的就业状况会得到改善，未来可能会成为吸纳就业的主要区域之一。FDI对东部地区和中部地区的动态冲击效应极为显著。东部地区和中部地区是吸引FDI明显较多的地区，FDI对这些产业和区域的冲击效应明显，进一步说明FDI对区域就业结构的不均衡影响。FDI对东部地区就业的贡献率较大，中部地区利用FDI促进就业的效率最高。FDI进入东道国会有明显的区域集聚特征，其对东部地区造成明显影响，对中、西部地区就业的影响不大。

（6）FDI对中国就业转移的直接效应和间接效应。通过CES生产函数推导的理论模型，构建FDI、收入差距和就业转移的联立方程模型，结合1990—2010年中国的相关数据，结果表明：FDI流入每增加1%，对东、中、西部地区内部就业转移的直接效应分别为：0.0786、−0.0348和0.004；间接效应分别为：0.0225、−0.181和−0.1971，对三大区域间就业转移的直接效应为0.0516，间接效应为0.034。FDI因素对三大地区内部就业转移的净效应为：0.1011、−0.2158和−0.1931；对区域间就业转移的净效应为0.0856。从整体上看，FDI促进了劳动力在三大区域间的流动。从区域发展的趋势来看，FDI首先流入中国东部地区，进而向中国中、西部地区转移。随着FDI流入的增加，东部地区将成为吸纳就业人员的主要地区，并带动大量劳动力转移到此。中部地区FDI对就业转移的净效应为负，且效应的绝对值最大，说明这表明中部地区利用FDI的就业创造效率高，长期来看中部未来可能会成为吸纳就业的主要区域之一。间接效应中，除中部地区外，收入因素在总间接效应中的占比最大，说明收入因素对区域内部和区域间就业转移的影响较其他因素更明显，收入差距是FDI流入就业转移效应的重要传导渠道。

（7）FDI流入与就业转移的评价。在评价FDI流入的合理性时，笔者将其与国家整体经济安全的状况结合在一起考虑，从工资收入和就业等方面建立指标评价体系，运用因子分析的方法，结果表明，FDI流入对国家经济安全的影响总体上是积极的。劳动力的外流改变了所在地区一定时间内劳动力的数量和结构，深刻的影响着社会、经济的发展。由于劳动力的流动，导致了地区间其他生产要素的流动，如资金、信息、技术等的流动，从而进一步影响到劳动力所在地的发展，因此，就业转移带来的影响包括积极影响和消极影响。

本书从收入差距视角系统的研究了FDI流入对劳动力就业转移的影响。由于笔者主观认识的限制和其它因素的影响，本书仍存在一些不足之处值得更加深入的研究和改进：

（1）数据方面。由于受到数据可得性和其他客观因素的限制，对研究主体数据期间的选择定在1995—2010年，样本数据的期间为16年，因此所得的结论可能不够全面。日后的研究将从不同角度进行研究补充，或在将来统计数据更完善和细致的情况下，进行更深入的研究，并提出更有针对性的建议。

（2）变量选择方面。在实证研究过程中，笔者发现内资因素也是影响劳动力就业转移的一个不可忽视的变量。但由于研究的重点和篇幅的限制，本书仅研究了外资对就业转移的影响，关于内资对就业转移的影响只进行了简要的说明。日后，在此研究的基础上，将进一步对内资的影响效果进行分析，以达到最圆满的结果。

参考文献

［1］白云涛，甘小文.江西劳动力转移的动态模型分析.企业经济，2005(7).

［2］蔡昉，王德文.外商直接投资与就业——一个人力资本分析框架.财经论丛，2004,(1).

［3］蔡昉，都阳."十一五"期间劳动力供求关系及相关政策.宏观经济研究，2005,(6).

［4］蔡昉，王德文.中国经济增长可持续性与劳动贡献.经济研究，1999,(10).

［5］蔡昉，王德文.作为市场化的人口流动——第五次全国人口普查数据分析.中国人口科学，2003,(5).

［6］蔡昉，王美艳.中国工业重新配置与劳动力流动趋势.中国工业经济，2009,(8).

［7］蔡昉.户籍制度改革与城乡社会福利制度统筹.经济学动态，2010,(12).

［8］蔡昉.转轨时期的就业政策选择：矫正制度性扭曲.中国人口科学，1999,(2).

［9］蔡昉.农村剩余劳动力流动的制度性障碍分析——解释流动与差距同时扩大的悖论.经济学动态，2005,(1).

［10］蔡昉.人口转变、人口红利与刘易斯拐点.经济研究.2010,(4).

［11］蔡昉.未来的人口红利——中国经济增长的源泉.中国人口科学，2009,(1).

［12］蔡兴，莫骄，冯志坚.中国出口、FDI与就业关系的区域差异分析——基于东部、中部和西部地区面板数据的检验.经济地理，2009(2).

［13］陈锡康.中国城乡经济投入占用产出分析.北京：科学出版社，1992.

[14] 陈杨乐.中国农业剩余劳动力规模及滞留经济代价研究.人口与经济，2001，（2）.

[15] 陈宗胜，周云波.城镇居民收入差别及制约其变动的某些因素——就天津市城镇居民家户特征的影响进行的一些讨论.经济学（季刊），2002，（2）.

[16] 程名望，史清华，徐剑侠.中国农村劳动力转移动因与障碍的一种解释.经济研究，2006，（4）.

[17] 都阳.风险分散与非农劳动供给——来自贫困地区农村的经验证据.数量经济技术经济研究，2001，（1）.

[18] 都阳，高文书.就业与GDP增长的关系分析及相关建议.中国经贸导刊，2005，（18）.

[19] 段志刚，冯珊，岳超源.基于CGE模型的所得税改革效应分析：以广东为例.系统工程学报，2001，（4）.

[20] 段志刚，李善同.北京市结构变化的可计算一般均衡模型.数量经济技术经济研究，2004，（12）.

[21] 樊明.劳动市场制度对劳动供给的影响.南大商学评论，2005，（1）.

[22] 樊明太，郑玉歆.贸易自由化对中国经济影响的一般均衡分析.世界经济，2000，（4）.

[23] 樊明太，郑玉歆，马纲.中国CGE模型：基本结构及有关问题（下）.数量经济技术经济研究，2001，（4）.

[24] 范言慧，段军山.外商直接投资与中国居民的收入分配.财经科学，2003，（2）.

[25] 方芳.外商直接投资对中国收入差距影响的实证分析.上海：同济大学博士论文，2009.

[26] 高国力.区域经济发展与劳动力迁移.南开经济研究，1995，（2）.

[27] 高铁梅.计量经济分析方法与建模.北京：清华大学出版社，2009.

[28] 国家统计局农村社会经济调查司.中国农村劳动力调研报告.北京：中国统计出版社，2009.

［29］ 杭雷鸣.论收入差距扩大化对剩余劳动力转移的阻碍作用.经济问题，2005,（9）.

［30］ 何枫，徐桂林.FDI与中国城乡居民收入差距间是否存在倒U形关系.国际贸易问题，2009,（12）.

［31］ 侯鸿翔，王媛，樊茂勇.中国农村隐性失业问题研究.中国农村观察，2000,（5）.

［32］ 胡鞍钢.中国就业状况分析.管理世界，1997,（3）.

［33］ 胡枫.中国劳动力转移规模的估计.山西财经大学学报，2006,（2）.

［34］ 黄旭平，张明之.外商直接投资对中国就业的影响：基于面板VAR的分析.中央财经大学学学报，2007,（1）.

［35］ 黄祖辉，陆建琴，王敏.城乡收入差距问题研究——基于收入来源角度的分析.浙江大学学报(人文社会科学版),2005,（4）.

［36］ 霍丽骊等.CDF_CGE模型基本结构及应用.数量经济技术经济研究，2006,（1）.

［37］ 江小涓，李辉.中国地区之间实际收入差距小于名义收入差距——加入地区间价格差异后的一项研究.经济研究，2005,（9）.

［38］ 凯恩斯.就业、利息和货币通论.北京：华夏出版社，2012.

［39］ 赖小琼.中国转型时期的人口流动.中国经济问题，2007,（1）.

［40］ 雷家骕.关于国家经济安全研究的基本问题.管理评论，2006,（7）.

［41］ 李善同，何建武.后配额时期中国、美国及欧盟纺织品贸易政策的影响分析.世界经济，2007,（1）.

［42］ 李善同，翟凡.加入世界贸易组织对中国经济的影响.预测，2000,（3）.

［43］ 李善同，翟凡，徐林.中国加入世界贸易组织对中国经济的影响——动态一般均衡分析.世界经济，2000,（2）.

［44］ 李实.中国农村劳动力流动与收入增长和分配.中国社会科学，1997,（2）.

［45］ 李实，宋锦.中国城镇就业收入差距的扩大及其原因.经济学动态，2010,（10）.

［46］ 李实，岳希明.中国城乡收入差距调查.乡镇论坛，2004,（8）.

［47］李实，赵人伟.中国居民收入分配再研究.经济研究，1999,（4）.

［48］李实.中国农村劳动力流动与收入增长和分配.中国社会科学，1999,（2）.

［49］李勋来，李国平.中国二元经济结构刚性及其软化消解.西安交通大学学报（社会科学版），2006,（1）.

［50］李子奈.如何转移农村剩余劳动力.中经网中国权威经济论文库三农问题，2000.

［51］林宏.FDI对中国收入分配影响的Panel Data模型分析.浙江统计，2005,（3）.

［52］林毅夫，蔡昉.中国经济转型时期的地区差距分析.经济研究，2005,（6）.

［53］林毅夫，刘培林.中国的经济发展战略与收入差距.经济研究，2006,（3）.

［54］刘建进.一个农户劳动力模型及有关剩余劳动力的实证研究.中国农村经济，1997,（6）.

［55］刘荣添，林峰.中国东、中、西部外商直接投资区位差异因素的Panel Data分析.数量经济技术经济研究，2005,（7）.

［56］刘志中.中国服务业利用FDI的就业效应研究.技术经济与管理研究，2011,（1）.

［57］陆文聪，李元龙.中国出口增长的就业效应：基于CGE模型的分析.国际贸易问题，2011,（9）.

［58］罗楚亮.就业稳定性与工资收入差距研究.中国人口科学，2009,（4）.

［59］马岩.外商直接投资对中国经济增长的效应.统计研究，2006,（3）.

［60］毛日昇.出口、外商直接投资与中国制造业就业.经济研究，2009,（11）.

［61］牛勇平.国际直接投资与中国就业量之间的关系.经济学动态，2001,（11）.

［62］萨伊.政治经济学概论.北京：商务印书馆，1963.

［63］沙文兵.外商直接投资的就业效应分析——基于协整理论的实证分析.财经科学，2007,（4）.

［64］沈坤荣，田源.人力资本与外商直接投资的区位选择.管理世界，

2002,(11).

[65] 史清华,林坚,顾海英.农民工进镇意愿、动因及期望的调查分析,中州学刊,2005,(1).

[66] 田素华.外资对上海就业效应的实证分析.财经研究,2004,(3).

[67] 统计科学研究所.就业、收入分配、社会保障与国家经济安全.统计研究,2003,(10).

[68] 万广华,张茵.收入增长与不平等对中国贫困的影响.经济研究,2006,(6).

[69] 王成歧,张建华,安辉.外商直接投资,地区差异与中国经济增长.世界经济,2002(4).

[70] 王春超.收入差异、流动性与地区就业集聚——基于农村劳动力转移的实证研究.中国农村观察,2005,(1).

[71] 王春超.中国农户收入增长与就业决策行为:一个动态解释——基于湖北农户跟踪调查的实证研究.统计研究,2008,(5).

[72] 王德发.能源税征收的劳动替代效应实证研究——基于上海市2002年大气污染的CGE模型.财经研究,2006,(2).

[73] 王德文,蔡昉,张国庆.农村迁移劳动力就业与工资决定:教育与培训的重要性.经济学(季刊),2008,(4).

[74] 王德文,蔡昉.化解金融危机对就业的冲击.宏观经济研究,2009,(2).

[75] 王红玲.关于农村剩余劳动力的数量的统计方法与实证分析.经济研究,1998,(4).

[76] 王剑.外商直接投资对中国就业效应的测算.统计研究,2005,(3).

[77] 王美今,钱金保.外商直接投资对中国就业的影响——基于误差成分联立方程模型的估计.中山大学学报(社会科学版),2008,(6).

[78] 王燕飞.中国对外贸易的劳动就业效应:贸易结构视角.国际贸易问题,2009,(3).

[79] 危丽,杨先斌.农村劳动力转移的博弈分析.经济问题,2005,(9).

[80] 魏后凯.加入WTO后中国外商投资区位变化及中西部地区吸引外资前

景.管理世界, 2003,(7).

[81] 温怀德,谭晶荣.中国对外贸易、FDI对就业影响的实证研究——基于加入世贸组织前后东、中、西部数据的比较.国际贸易问题, 2010,(8).

[82] 向书坚.中国城镇居民收入分配差距变化定量分析.当代经济科学, 1998,(2).

[83] 肖灵机等.中国经济增长与就业增长非一致性的制度解释及制度安排.当代财经, 2005,(6).

[84] 谢嗣胜,姚先国.农民工工资歧视的计量分析.中国农村经济, 2006, (4).

[85] 徐玉龙,王志彬,郭斌.农民工就业歧视的经济学分析.Labor Economy and Labor Relations, 2007,(4).

[86] 许召元.区域间劳动力迁移对经济增长和地区差距的影响.北京:北京大学博士论文, 2007.

[87] 杨德才.制度变迁与中国农村剩余劳动力转移——改革以来中国农村剩余劳动力阶段性流动的实证研究.农业经济导刊, 2007,(3).

[88] 杨晓明,田澎,高园.FDI区位选择因素研究——对中国三大经济圈及中西部地区的实证研究.财经研究, 2005,(11).

[89] 杨扬,余壮雄.FDI对中国就业效应的检验.经济学家, 2009,(5).

[90] 杨宜勇,顾严.中国扩大就业潜力的对策研究.宏观经济管理, 2007, (6).

[91] 杨云彦等.全球化、劳动力流动与经济空间重构.北京:中国财政经济出版社, 2008.

[92] 杨云彦等.就业替代与劳动力流动:一个新的分析框架.经济研究, 2003,(8).

[93] 杨泽文,杨全发.FDI对中国实际工资水平的影响.世界经济, 2004, (12).

[94] 翟凡.中国经济的可计算性一般均衡建模与仿真.武汉:华中科技大学博士学位论文, 2007.

[95] 翟凡，李善同.中国经济的可计算一般均衡模型——中国实用宏观经济模型.北京：中国财政经济出版社，1999.

[96] 翟凡，李善同，冯珊.一个中国经济的可计算一般均衡模型.数量经济技术经济研究，1997,（3）.

[97] 翟凡，李善同，冯珊.中国经济增长和结构变化——递推动态一般均衡分析.系统工程理论与实践，1999,（2）.

[98] 张二震，任志成.FDI与中国就业结构的演进.经济理论与经济管理，2005,（5）.

[99] 张帆，郑京平.跨国公司对中国经济结构和效率的影响.经济研究，1999,（1）.

[100] 张广胜，周娟.FDI对城乡收入不均等影响的实证分析：基于省际面板数据的GMM分析.财经科学，2009,（2）.

[101] 张欣.可计算一般均衡模型的基本原理与编程.上海：格致出版社，2010.

[102] 章铮.进程定居还是回乡发展?——民工迁移决策的生命周期分析.中国农村经济，2006(7).

[103] 赵晓霞.对外贸易、FDI与中国城乡居民收入变化:理论分析与实证研究.杭州：浙江大学博士论文，2007.

[104] 赵耀辉，徐建国.中国城镇养老保险体制改革中的激励机制问题.经济学（季刊），2001,（1）.

[105] 郑玉歆等.中国税制改革效应的一般均衡分析.数量经济技术经济研究，2002,（9）.

[106] 郑月明，董登新.外商直接投资对中国就业的区域差异与动态效应——基于动态面板数据模型的分析.数量经济技术经济研究，2008,（5）.

[107] 朱金生.FDI与区域就业转移：一个新的分析框架.国际贸易问题，2005,（6）.

[108] 朱农.中国劳动力流动与"三农"问题.武汉：武汉大学出版社，2005.

［109］朱云章.中国城乡劳动力流动与收入差距关系研究.厦门：厦门大学博士论文，2008.

［110］Adelman I, Robinson S.Income Distribution Policies in Developing Countries.California：Stanford University Press,1978.

［111］Adelman L, Robinson S.Distribution Alternative Models Economics Macroeconomic Adjustment and Income applied to Two Economies. Journal of Development,29：23-44.

［112］Agesa, Richard U.Migration and the Urban to Rural Earnings Difference：A Sample Selection Approach. Economic Development and Cultural Change,2001,49(6)：847-865.

［113］Agosin R M, Mayer R. Foreign Investment in Developing Countries：Does it Crowd in Domestic Investment? UNCTAD Discussion Papers, 2001：146.

［114］Alfredo Behrens. Energy and output implications of income: redistribution in Brazil Energy Economies. 1984,4：110-116.

［115］Andreas Waldkirch, Peter Nunnenkamp. Employment Effects of FDI in Mexico's Non- Maquiladora Manufacturing. Journal of Development Studies. 2009,7：1165-1183.

［116］Antonio Majocchi, Manuela Presutti. Industrial clusters, entrepreneurial culture and the social environment：the effects on FDI distribution. International Business Review,2009,18：76-88.

［117］Barros R, Sala Martin X. Economic growth. Cambridge：McGraw-Hill, 1995.

［118］Bassanini et al..The Economic Effects of Employment-Conditional Income Support Schemes for the Low- paid：an Illustration from a CGE Model Applied to Four OECD Countries. OECD Economics Department Working Paper,1999：224.

［119］Bojas G J.Self-selection and the Earnings of immigrants. American Economic Review, 1997, 77(4):53-553.

[120] Branstetter L G, Feenstra R C.Trade and Foreign Direct Investment in China: A Political Economy Approach.NBER Working Papers 7100, National Bureau of Economic Research, 1999.

[121] Buckley S.International operation of national firms: a study of direct foreign investment.London:MIT Press, 1976.

[122] Chan K W, Zhang L. The Hukou System and Rural-urban Migration in China: Processes and Changes.China Quarterly, 1999, 16(2):818-855.

[123] Chang-Tai Hsieh. Do Domestic Chinese Firms Benefit from Foreign Investment? . University of California Working Paper Series, 2006:30.

[124] Chenery H, Strour A N. Foreign Assistance and Economic Development. American Economic Review, 1996, 8:216-218.

[125] Christoph Ernst. The FDI-employment Link in a Globalizing World: the Case of Argentina, Brazil and Mexico.Employment strategy papers from International Labor Office, 2005:17.

[126] Christopher Chase-Dunn. The effects of International economic dependence and inequality: a cross-national study. American Sociological Review, 1975, 40:720-738.

[127] Dale W Jorgenson. The Development of a Dual Economy. The Economic Journal, 1961, 71:309-334.

[128] David Williams. Explaining employment changes in foreign manufacturing investment in the UK. International business review, 2003, 10:479-497.

[129] Debaere, Peter, Lee, Hongshik and Lee, Joonhyung. It matters where you go: Outward foreign direct investment and multinational employment growth at home. Journal of Development Economics, 2001, 91:301-309.

[130] Dervis, K., Substitution, Employment and Intertemporal Equilibrium in

Non- Linear Multi- Sector Planning Model for Turkey. European Economic Reviews, 1975, 6:77-96.

[131] Dervis K, Melo de J and Robinson S.General Equilibrium Models for Development Policy. London:Cambridge University Press, 1982.

[132] Dirk Te Velde, Oliver Morrissey. Foreign Direct Investment, Skills and Wage Inequality in East ASIA. Journal of the Asia Pacific Economy, 2004, 3:348-369.

[133] Dunning J H. The determinations of international production.: Oxford. International Production and Multinational Enterprises. George Allen and Unwin, London, 1981:25.

[134] Dunning J H. Location and the Multinational Enterprise: A Neglected Factor? Journal of International Business Studies, 1988, 29(1):45-66.

[135] Edward M Graham, Erika Wada. Foreign Direct Investment in China: Effect on Growth and Economic Performance, Experience of Transitional Economies in East Asia. Oxford University Press, 2001.

[136] Feenstra R C, Hanson G H. Foreign Direct Investment and Relative wages: Evidence from Mexico's maquiladoras. Journal of international Economics, 1997, 42:226-229.

[137] Fei C H, Ranis G. A Theory of Economic Development. American Economic Review, 1961, 9:128-146.

[138] Feliciano Zadia, Robert E Lipsey. Foreign Ownership and Wages in the United States: 1987—1992. Cambridge, NBER Working Paper, 1999: 6923.

[139] Figini P, Gorg H. Multinational Companies and Wage Inequality in the Host Country: the Case of Ireland. Review of world economics, 1999, 135(4):594-612.

[140] Gupta S, Togan S.Who benefits from adjustment process countries? A test on India, Kenya and Turkey. Journal of Policy Modeling, 1998, 6:

95-109.

[141] Harberger A C. Corporate and Consumption Tax Incidence in an Econo-
my. ACCF Center for Policy Research Special Report, 1994.

[142] Head K, Mayer T. Regional age and Employment Responses to Market
Potential in the EU. Regional science and Urban Economic, 2006, 36:
573-594.

[143] Horridge J M, Parameter B R, Pearson K R. ORANI-F: A General Equi-
librium Model of the Australian Economy. Economic avid Financial
Computing, 1993, 3: 135-167.

[144] Hymer S H. The International Operations of National Firms: A Study of
Direct Foreign Investment. The MIT Press Cambridge, Mass, 1976.

[145] Jan Miun, Vladimr Tomik. Does Foreign Direct Investment Crowd in or
Crowd out Domestic Investment. Eastern European Economics, 2006, 40
(2): 38-56.

[146] Jenkins. Trade Liberalization and Export Performance in Bolivia. Devel-
opment and Change, 2006, 27: 693-716.

[147] Johansen L. A Multi-Sector Study of Economic Growth. North-Holland
Amsterdam, 1976.

[148] John R Harris, Michael P Todaro. Migration, Unemployment and Devel-
opment: A Two Sector Analysis. The American Economic Review,
1970, 60(1): 126-142.

[149] Kanbur R, Zhang X. Fifty Years of Regional Inequality in China: a Jour-
ney through Central Planning, Reform, and Openness.Review of Devel-
opment Economics, 2005, 9(1): 87-106.

[150] Karl Taylor, Nigel Driffield. Wage Inequality and the Role of Multina-
tionals Evidence from UK Panel Data. Labor Economics, 2005, 10:
223-249.

[151] Kehoe T J, Serra-Puche J, Solis. A general equilibrium model of domes-

tic commerce in Mexico. Journal of Policy Modeling, 1984, 6: 1-28.

[152] Kojima K. A macroeconomics approach to foreign direct investment. Histotsubashi Journal of Economics, 1973, 14(1): 1-21.

[153] Kravis R, Lipsey R. The effect of Multinational firms foreign operations on domestic employment. NBER Working Paper, 1988: 2760.

[154] Krugman, Paul R., Venables. A.J., Globalization and the Inequality of Nations. Quarterly Journal of Economics, 1995, 110: 857-880.

[155] Lewis J D, Sherman R, Wang Z. Beyond the Uruguay round: the Implication of an Asian free Trade area. China Economic Reviews, 1995, 7: 35-90.

[156] Lewis. Economies Development with Unlimited supplies of Labor. Manchester School Economic Science Studies, 1954, 22: 39-191.

[157] Lipsey R. Outward Direct Investment and the US Economy. NBER Working Paper, 1999: 691.

[158] Lucas R. Emigration to South Africa's Mines. The American Economic Review, 1987, 77: 313-330.

[159] Lucas R E B, Stark. Motivations to remit: the case of Botswana. Journal of Political Economy, 1985, 93(5): 901-918.

[160] Melo de J. Protection and Resource Allocation in a Walrasian Trade Model. International Economic review, 1978, 19: 25-43.

[161] Meng Xin. The Informal Sector and Rural-Urban Migration: A Chinese Case Study. Asian Economy Journal, 2001, 15: 71-89.

[162] Michael J Greenwood. Migration and Economic Growth in the United States: National, Regional and Metropolitan Perspectives. New York: Academic Press, 2006.

[163] Mincer Jacob. Schooling, Age and Earnings. In Human Capital and Personal income Distribution. New York: Nat. Bur. Econ. Res, 1972.

[164] Nicola Fuchs. Welfare Loss and Precautionary Saving Due to Uninsured

Idiosyncratic Labor Risk. Working Paper, 2003:1017.

[165] Oded Stark. Rural-to-urban Migration in LDCs: A Relative Approach. Economic Development and Cultural Change, 1984, 32(3):475-486.

[166] Olibe K O, Crumbley C. Determinants of US private foreign direct investments in OPEC nations: from public and non-public policy perspectives. Journal of Public Budgeting, Accounting and Financial Management, 1997.

[167] Andersen P S, Hainant P. Foreign Direct Investment and Employment in the Industrial Countries. BIS Working Paper, 1988:61.

[168] Rauch J. Economic development, urban under employment, and income inequality. Canadian Journal of Economies, 1993, XXVI:901-918.

[169] Richard Lipsey, Fredrik Sjoholm. Foreign Direct Investment and Wages in Indonesian Manufacturing. NBER Working Paper, (8):299, 2001.

[170] Robert E Lucas Jr. Life Earnings and Rural-Urban Migration. The Journal of Political Economy, 2004, 112:1.

[171] Santos-Paulino, Amelia U, Wan Guanghua. Special Section: FDI, Employment, and Growth in China and India. Review of Development Economics, 2009, 13(4):737-739

[172] Scarf H, Hansen H. Size Computation of Economic Equilibrium. New Haven. Yale University Press, 1973.

[173] Schultz T W. Investment in Human Capital. American Economic Review, 1961, 51:1-17.

[174] Sjaastad, Larry A. The Costs and Returns of Human Migration. Journal of Political Economics, 1962, 70:80-93.

[175] Stark O. The migration of labor. Cambridge: Blackwell, 1991.

[176] Stark O, Taylor E, Yitzhaki S. Remittances and inequality. Economic Journal, 1986, 96:722-740.

[177] Tainjy Chen, Yinghua K. The Effect of Overseas Investment on Domes-

tic Employment.Paper prepared for 14th East Asian Seminar on Economics,Taipei,Taiwan,2003.

[178] Taylor K, Driffield N. Wage Inequality and the Role of Multinationals: Evidence from UK Panel Data.Labor Economics,2005,12:223-249.

[179] Taylor L,Bacha E L,Cardoso E A,Lysy F J.Models of Growth and Distribution for Brazil.Oxford University Press,1980.

[180] Todaro M P. A Model of immigration and Urban Unemployment in: Less development Countries.The American Economic Review, 1969, 59:138-148.

[181] Tomasz Mickiewicz,Slavo Radosevic,Urmas Varblane.The Value of Diversity: Foreign Direct Investment and Employment in Central Europe during Economic Recovery.University of Tartu Faculty of Economics and Business Administration discussion paper,No.561,2000.

[182] UNCTAD. Transnational Corporations,Employment and the Workplace New York and Geneva. World Investment Report,United Nations publication,1994.

[183] Vernon Raymond.International investment and international trade in product cycle Quarterly. Journal of Economic,1966,5:238-241.

[184] Wan Guanghua.Accounting for Income Inequality in Rural China.Journal of Comparative Economics,2004,32(2):348-363.

[185] Whalley J. Trade Liberalization among Major World Trading Areas. Cambridge.Mass:MIT Press,1985.

[186] Xiaodong Wu. Foreign Direct Investment, Intellectual Property Rights and Wage Inequality in China.Chinese Economics Review, 2000, 11: 361-384.

[187] Xiaolan Fu,Balasu Braman V N.Exports,Foreign Direct Investment and Employment: the Case of China.FED Working Papers Series, NO. FE20050035,2005.

[188] Zhang X G. A Dynamic Computable General Equilibrium Model of the Chinese Economy. Research Paper No.539, Department of Economic of Melbourne University, 1996.

[189] Zhu Nong. The Impact of Income Gaps on Migration Decisions in China. China Economic Review, 2002, 13:213-230.